50歳から人生を大逆転させる お金の壁の乗り越え方

お金の専門家
午堂登紀雄

かんき出版

はじめに

私は2009年に『お金の才能』（かんき出版）という本を刊行しました。

この本では、お金の「稼ぐ」「使う」「情報を読み解く」「増やす」「貯める」という5つの才能をご紹介しています。

それからおよそ14年が過ぎました。その間、人々の経済格差は縮まるどころか、むしろ拡大しているような印象があります。

それは統計からもはっきり出ていて、富裕層の仲間入りした人は増え、億万長者にさらにお金が集まるという状況になっています。

これはいったいどうしたことなのでしょうか。

その理由のひとつが、本書のタイトルにもなっている「壁」に関係していると私は考えています。

壁は大きく3つの壁があります。

ひとつは「知識の壁」。

これはシンプルに「知っているか知らないか」で差がつくことが多いということを意味します。やはり知識は武器であり、金融知識だけでなく、自分に影響を与える社会制度を広く知る必要があります。

次に「思考の壁」。

どんなに知識があっても、それを上手に使いこなせなければ意味がありません。また、「自分には無理」とか「もうどうしようもない」などと思考を放棄してしまっては未来の展望が描けないでしょう。そういう観点からも「どのように考えればよいか」という思考の壁は非常に大きいと思います。

そして、最後が「行動の壁」。

どのような優れた知識、適切な思考をしたとしても、それが行動に現れなければそもそも何も知らないのと同じ、何も考えていないのと同じということになってしまいます。やはり行動に移してこそ、自分の状況が変化するのですから。

そこで、この3つの壁を乗り越えるための基本を本書でご紹介します。

また、本書で想定している40~50代の読者にとっては、そろそろ老後の準備を始めないといけないけれど、あまり貯金もなく不安という人もいると思います。

しかし、本当に重要なことは、「節約して○○万円貯める」とか、「積立投資で老後の資産を作る」などといったことではありません。

本質的に追求すべきは、お金を貯めることよりも、まず「どんな状況になってもお金を稼げること」「どんな時代環境でもお金を生み出す方法を作れること」だというのが私の考えです。

何かあったときのためにお金を貯めておくよりも、何があってもお金を生み出せるほうが、真の安心につながるのではないでしょうか。

そのために、**まずは、お金に対する「考え方」を変える、そのうえで、賢くお金を「使う」こと。ここでいう「賢さ」とは、自分や自分の家族の満足度・納得度が最も高くなるようなお金の使い道・使い方を考えられることです。**

お金は道具に過ぎません。お金を使うことは何かを試すためです。自分の目的に最も合致した対象は何か、そしてその目的を最も有利に達成できるところへお金を分配することを考える必要があります。

それから、優良な「情報を得る」ことも大切。そして、「増やす」。一番大事なのは「生み出す」＝「稼ぐ」ことです。

ただしこの「お金を生み出す」のは現実には難しいことです。

なぜなら、私たちはお金に関することを誰からも学ぶことなく、家族や周囲の人たちの振る舞いを見ながら、あるいは断片的に流れる情報などの影響を受け、なんとなく価値観を形成し、なんとなく生活してきたに過ぎないからです。

実際「お金を生み出す方法の作り方」なんて教わったことはないと思います。

だからほとんどの人は「雇われる生き方」しか選べない。すると、収入形態も当然「給料だけ」となり、収入はほぼ毎月一定額です。

そのため、収入の範囲でやりくりするしかないという発想になってしまい、それが「節約貯金が大事」という観念が浸透している理由のひとつでもあると思います。

しかし、この先はそういう発想では豊かな生活は難しくなる可能性があります。コロナで減収や仕事を失った人が多かった現実を見れば余計に、「何が起こるかわからない」「何が起こってもおかしくない」前人未到の時代だからです。

そこで、この3つの「お金の壁」を乗り越える基礎体力をつけることを通じ、変化に翻弄されることなく「考え」「賢くお金を使い」「情報を得て」「増やし」「お金を生み出す＝稼いで」「守る」ための発想法をご紹介したいと思います。

ただし、物事に対する価値観は人それぞれです。

ですので、本書で書いてあることが全ての人に当てはまるとか、どんな状況でも正しいということではなく、あくまで自分自身のお金の「壁」を超えるためのヒントとして捉えていただければと思います。

本書が少しでも、みなさんのお役に立てれば著者として大変嬉しく思います。

お金の専門家　午堂登紀雄

2023年6月吉日

本書の内容は2023年5月時点のものです。その後に変更されている場合、また今後予告なく変更される場合があります。制度などの最新情報につきましては各関係各所、投資については東京証券取引所や証券会社のホームページ等でご確認ください。本書は投資の参考となる情報を目的としております。投資にあたっての意思決定、最終判断はご自身の責任でお願いいたします。本書の掲載の情報に従ったことによる損害については、いかなる場合も著者および出版社はその責任を負いません。

もくじ

お金の壁の乗り越え方　50歳から人生を大逆転させる

第1章 人生100年時代に備えよう

第2章

考え方 お金とのつき合い方を変えて「壁」を越える

第3章 使う

賢い消費者になってお金の「壁」を越える

第4章

増やす 投資と上手につき合って「壁」を越える

第5章 情報 優良な情報を得て「壁」を越える

第6章 稼ぐ 副業や起業でお金の「壁」を越える

第7章 守る① 税金とのつき合い方を変えて「壁」を越える

第8章 守る2 騙されないでお金の「壁」を越える

第9章 さらに介護・離婚・相続の「壁」を越える

カバーデザイン　井上新八
カバーイラスト　芦野公平
本文デザイン　二ノ宮匡(ニクスインク)
本文イラスト　村山宇希
DTP　マーリンクレイン

第1章

人生100年時代に備えよう

年金だけでは暮らせない？

多くの人が気になる老後対策として、公的年金は必須です。金額が多い、少ないかはともかく、「何もしなくても生涯もらえるお金がある」というのは、ひとつの安心材料となるからです。

会社員は強制的に社会保険に加入となりますから、基礎年金に厚生年金が上乗せされ、それなりの年金を受け取れます。これである程度老後資金の担保になりえるでしょう。

一方、自営業者は基礎年金だけで厚生年金がありませんから、追加で付加年金（注1）や国民年金基金（注2）、確定拠出年金あるいは小規模企業共済に加入しておいたほうが安心です。

注1　付加年金とは、毎月の国民年金保険料に400円を上乗せして払い込むと、将来的に受け取れる年金額に払い込んだ月数に応じた金額が加算される年金制度のこと。

自営業者の中には年金をあきらめて加入していない人がいるそうですが、私は必須だと考えています。

仮に月6万円しかもらえなくても、ゼロよりはマシですから。

ただし、私たちが老後を迎える数十年後、今の年金制度がそのまま継続していると は限りません。支給開始年齢がもっとあとになり、支給額がもっと減ったりすること も考えられます。**つまり、年金だけに依存し無策で老後に突入するのはリスクがあり、別途備える必要があります。**

そこでまずは年金に過度に依存するのではなく、「あればラッキー」程度に捉え、年金がなくても送れる生活基盤を構築することです。

年金に依存すればするほど、いざ頼れなくなったときにどうしようもなくなりますが、年金に期待していなければ、年金はプラスのお小遣いのようなもので、ゆとりある老後を迎えることができるでしょう。

ただし、その問題解決手段が「節約貯金」というのはハイリスクです。

これは自分の能力を劣化させる懸念があると私は思っています。

注2　自営業者のような国民年金の第1号被保険者だけが加入できる、国民年金に上乗せされる私的保険。

現役時代を老後の準備で終わらせてはいけない

ある雑誌で、ファイナンシャルプランナーが大卒の新入社員に対し、「給料の一部は老後に備えて貯蓄する習慣をつけなさい」とアドバイスする記事が掲載されていました。

私はこれを読んで、前途洋々な新入社員に対し、なんとも人生のスケールが小さくなるようなアドバイスだと感じました。

新入社員ということは、おそらく23歳前後でしょう。定年退職年齢が65歳、あるいは今後70歳になっていくかもしれないとすると、これからの職業人生はあと40年以上もあるわけです。

携帯電話やインターネットが普及してから約25年、スマートフォンが出現してからまだ20年弱。私が子どもの頃、家には二槽式洗濯機、薪をくべて沸かす五右衛門風呂、カセットテープレコーダーに黒電話がありました。しかし40年後の今はもう存在しない。

パソコンやインターネットがなかった時代、オフィスで働く様子はどうだったか、携帯電話がなかった時代、外出先での待ち合わせはどうしていたか……。

今の若い世代に、カセットテープや黒電話の話をしても、なんのことかわからない人も少なくないと思います。

そう考えると、40年というのは時代環境やライフスタイルが大きく変わるには十分な長さと言えます。

今の新入社員の老後なんてどうなるかわからない。時代は想像できないくらい変わり、個人の生き方も変わっていく。極端な話、新しい単位の通貨に置き換わるかもしれないし、年金もまったく違う制度になるかもしれない。

私も以前、かなり古い生命保険証券を見たことがありますが、満期返戻金が20円と書いてありました。払い戻し請求をするのも面倒に感じる金額ですが、これでも当時は、老後資金の一部になればと加入した人がいたということでしょう。

そんな環境変化の激しい時代に、40年後を見据えた貯金なんてどれほど意味があるのだろうか。40年間も老後の準備をし続けるのだろうか……。

私が考える老後対策とは、お金を貯め込むことよりも、老後でもお金を稼げる人間になることです。あるいは、老後も絶えることのない収入源を作ることです。

時代がどんなに変わろうと対処できる能力を獲得していれば、本当に老後を迎えたとき、現役時代に培った資産（人脈・経験・知識・判断力・リーダーシップ・コミュニケーション能力）がモノを言う。

そのためにも、現役時代にたくさんの経験を積み、人脈を構築し、65歳になっても雇用され続ける人材、あるいは自分の腕で稼げる人材になれるよう、その40年間を使って自らを磨き高めることが必要です。

定年退職後も稼ぎ続けるために

高齢者は高齢ゆえに体力・集中力・緻密さ・記憶力に欠け、パフォーマンスが落ちるのではないかという懸念（思い込み）があります。また、指示がしにくいとか会話が噛み合わないなど、コミュニケーションの不安があります。

さらに高齢になればガンコになる人も少なくないため、組織風土や仕事の進め方に馴染めるか、という不安もある。むろん、「そう長くは働いてもらえないから、いずれまた求人を出さないといけなくなる」懸念は大きいでしょう。

そのため、経営者はどうせ同じ給料で雇うなら、わざわざ年配の人を選ぶよりも、若くて元気で素直で長く勤めてくれる可能性のある若者を選ぶということになります。

つまり高齢だと職にあぶれる可能性が高いのです。

◉年齢に関係なく働ける「経営顧問」という道

ただし、経験がモノを言う専門的な領域は話が別です。

たとえば生産管理や物流マネジメント、経営企画や組織人事設計、さらには海外進出などといった専門分野では、あまり年齢は関係なく、そのノウハウを欲する企業から請われます。

インフラ関連では海外の新興国からのニーズもあり、JICA（国際協力機構）などを通じて数年間派遣されるというケースもあるようです。

日本国内の場合、正社員ではなく社外取締役や経営顧問といった形で業務を受託するという形態が中心で、実際、70歳を過ぎても現役で働いている人も少なくありません。

むろん激務ではなく、週1回とか月1回だけ会社に赴き、数時間アドバイスするだけという関わり方が多いようです。

この場合は（契約内容次第ですが）兼業もアリですから、1社あたり月20万円で契約したとして、こういう経営顧問先を3社ゲットできれば月60万円の収入になります。

そういった老後の選択肢を広げるには、やはり将来を見据えたキャリア形成の戦略が必要で、そういう経験を積めるよう会社に働きかけて、異動などを申し出るなどしてもいいでしょう。

大人のそろばんをはじく

「数学」と言うと拒否反応を示す人もいるかもしれませんが、大人の数学は、方程式を解いたりするようなものではありません。

むしろ、世の中にあふれる数字のウソを見破り、不利な選択を避け、より有利な選択をするために必要なスキルです。

たとえば凡人は、どこの宝くじ売り場で買えば当たるのか？　という情報を集め、特定の売り場で行列に並び、お金と時間を浪費します。しかし実際には、確率は一定なので、どこで買っても同じです。当たりが多い売り場は、それ以上にハズレが多いというだけなのです。

「リボ払いは毎月一定額の引き落としなので、負担になりません」という広告を見て喜ぶ人がいます。

しかしカード会社にとっては、そういうお金に関するインテリジェンスがない客は、暴利を貪れるおいしいカモです。

「複利効果は効果絶大」という言葉を聞いたことがあると思います。この場合、複利の効果で収入が増えるのは金融機関であり、契約者は年15％の金利がつくこともわからず、逆複利効果が働き、ますます貧乏になってしまいます。

リボ払いで買い物を続けると、払っているのは利息ばかりで借金はまるで減らず半永久的に返済が続くという無間地獄に陥るリスクがあります。

あるいは、子どもの将来を考えて何を選ぶべきか？　と考えたとき、多くの親は受験することを選びます。しかし本来は、子どもが夢中になれるものを探してあげることが大切です。

なぜなら、集中して取り組み、上達した経験があれば、ものごとを習得する勘所がつかめているため、大人になってからも仕事などで応用が利くからです。仕事ができる人の過去の話を聞いてみると、何かの分野で全国大会に出るなどの経験を持つ人が意外に多いのは、そのあたりにも理由があります。

そして、学校や塾で教わることは、学業という限られた側面にしかすぎないことを理解し、学校で教わらないこと、学校の先生が不得意なことを習わせたいものです。

たとえば、大学を卒業して自営業として働き、確定申告をしていない人もいます。確信犯の人もいますが、多くは「知らない」からです。本来は払いすぎた税金の還付を受けられるはずが、知らないばかりに取られ損になってしまうこともあります。

なぜ、金持ちはローンでベンツを買うのか？　というと、オートローン金利の3％より高く運用できるからです。私の会社のお客様で、50億円くらい現金を持っているにもかかわらず、不動産は全部ローンを組んで買っている人がいます。

さらに、私の友人で、こういう人がいます。

香港やシンガポールに旅行したときに、米ドルとユーロの銀行口座の開設をして、一定額を預け入れておきます。そして、その銀行のクレジットカードを作ります。本人は、基本的に日本在住なので、消費もほとんど国内なのですが、円高になったときに、ドルやユーロのカードで買い物をするそうです。

また、こんな人もいます。

海外旅行が趣味の知人がいて、彼は、円高になるたびに、米ドルや豪ドル、ユーロに両替し、旅行資金を貯めているのです。

これは都市部だけかもしれませんが、大手家電量販店の近くに、外貨両替所がありま
す。中国人や韓国人のツアー客による買い物ニーズに応えたもので、銀行よりも手数料が安いのが特徴です。

彼はそういう店舗を利用し、円高のときにせっせと旅行予定先の通貨に換えているわけです（今はＦＸ口座での両替が最安です）。

すごい人もいるもんだ、と感じると同時に、お金を賢く使うというのは、こういうことなのかもしれないな、と感心します。

ここを読んで、「そんなことは自分にはできない」「面倒くさい」という人もいるかもしれませんが、私が伝えたいことは「自分ならどうするか」を考えましょうということです。

健康のマネジメントは人生のマネジメント

老後にかかるお金の主軸は、「衣食住」から「医食住」へと変遷します。医療費の自己負担割合は現行制度下では70歳未満が3割、70歳から74歳までが2割、75歳からが1割（年収200万円以上は2割）となっていますが（現役並み所得者はいずれも3割負担）、生涯医療費の半分は70歳以降に発生すると言われるなど、相当な負担となる可能性があります。**また、医療費財政の悪化で、将来的に制度変更があるかもしれません。実際、2022年度からは、1割負担のはずの75歳以上の後期高齢者は、年収200万円以上あれば2割負担に増額されました。**

高年収で成功している起業家の多くは、「健康は資産」ということを本能的に悟っていて健康的な生活を無意識に心がけています。そのため、彼らは自然体で早寝早起きだし、無意識のうちにジャンクフードを避けようとします。

若く元気なうちはピンとこないものですが、医療費に限らず、知的活動も肉体的活動も含め、あらゆる活動のベースが健康ですから、病気にならないようにしておくことです。といってもシンプルで私が気をつけていることは以下の5つです。

1、体の冷え**（体温が下がると免疫細胞や各種酵素の働きが鈍り抵抗力が低下する。体温を高めるには有酸素運動による血流増や、筋肉量のアップによる毛細血管の増加が有効なので適度な運動が必要）**

2、食べ過ぎ**（食べすぎは消化器官などの内臓に負担をかけ、血糖値が高い状態が続くと細胞が糖化し劣化する）**

3、睡眠不足**（成長ホルモンの文筆による細胞の再生や皮膚のターンオーバーなどは睡眠中に行われる。睡眠不足や質の低下は認知症の大きな要因）**

4、ストレス**（副交感神経の働きを抑え、免疫機能が低下する）**

5、便秘**（免疫細胞の6割は腸内にあると言われ、便秘は腸内細菌叢、いわゆる腸内フローラのバランスを崩す）**

健康維持に実はお金はほとんどかからないのです。

第2章

考え方

お金とのつき合い方を変えて「壁」を越える

自分のライフスタイルに合わせて固定費を見直す

わが家では以前、夫婦ともに大手キャリアでスマホを使っており、毎月の携帯料金は夫婦合わせて約2万円から2万5000円ほどでした。

携帯電話はおそらく一生涯使い続けるものになる。ということは私たち夫婦の場合、間を取って月2万2500円としてあと40年生きるとすれば、1080万円も払う計算になります。そのほか、自宅の光回線が月4500円なので216万円。モバイルWi-Fi端末が同じく2500円なので120万円。合計で1416万円も払い続けるわけです。

しかも私は5年も同じキャリアで使ってきましたが、手厚い割引は新規加入者ばかりで、その原資は「見直しをしない人」から徴収した料金で賄われている。つまり、**長期で使っている既存客が割を食うという理不尽さ、そして「自分の通信費の使い方**

の傾向」を把握したとき、かなり割高な費用を払っているであろうことに気がつきました。

私の場合、「通話はほとんどなく、基本的にメールが中心」「スマホの利用は、FX、Facebook、LINE、乗り換え案内、地図がメイン」「データ通信は使う月と使わない月の差が大きい」「キャリアメールも使わない」「スピードや性能はそれほど求めない」という使い方です。

そこで、通話機能付きSIMフリーの携帯に切り替えました。

データ通信量が増えればそれだけ課金される仕組みになっています。家族との通話やメールはLINE、外部との通話は1回5分間までならかけ放題のサービス、自宅では光回線のWi－Fiを使用。

これで月8000円～1万円かかっていた携帯料金は、いっきに月1500円に。

一方、妻は通話料もデータ通信量も膨大ですが、10分間かけ放題サービスのついたSIMフリーに変更しました。月1万2000円から1万5000円かかっていた妻の携帯料金も月3000円に。

自宅ではＷｉ－Ｆｉ接続にしていますから、パケット利用は月４ＧＢ前後。これで携帯代は夫婦合わせて月４５００円と、合わせて月２万近くも削減できたのです。

また、外出先での仕事にモバイルＷｉ－Ｆｉは必須だと思っていましたが、実際はそれほど使う機会は多くなく、使用頻度とも無関係に費用が発生していました。よく行くカフェでは無料でＷｉ－Ｆｉが使えるし、いざとなったらスマホでテザリングすればよいと考え、モバイルＷｉ－Ｆｉは解約。自宅の固定電話もやめて光回線のみ。

これらを合わせ、家庭の通信費は月約2万円強の削減ですから、40年で９６０万円もの削減になる計算です。

もちろんこれは現時点での試算であり、今後もさまざまな料金プランやサービスが出てきて変わってくると思います。

しかし毎月あるいは毎年かかっている固定費の見直しは、わずか一度の手間で長期にわたって効用を得ることができる価値がある行動と言えるでしょう。

家賃は契約期間中でも値下げ交渉できるって知っていますか？

あらゆる値段は、単に売主の希望価格です。なので、交渉することで売主がＯＫであれば、安くすることができるのです。


たとえば家賃。

賃貸住宅を借りるとき、家賃だけでなく、敷金や礼金など、たくさんのお金が必要ですが、交渉しないのはとってももったいない。

なぜなら、それらも単に大家の希望であって、交渉すれば、いずれも安くすることができる可能性があるからです。特に1月～3月というハイシーズンを外して借りれば、弱気になる大家が増えるため、値引き交渉の余地があります。

また、すでに賃貸契約期間中の人も（定期借家契約でなければ）、一般的な契約期間である2年間は家賃の変更はできないと思っている人が多いのですが、実際はできます。

といっても、何の根拠もなく「安くしてくれ」では大家は耳を貸してくれませんから、ある程度の情報武装が必要です。たとえば、今の家賃と相場の賃料とを比較し、そういう材料を武器にして、大家に交渉すればよいのです。

実は、私もそんなふうに入居者から交渉され、所有する高級賃貸マンションの家賃の値下げに応じたことがあります（涙）。

住宅ローンの金利も交渉できます。その場合、今、住宅ローンを組んでいる銀行とは別の金融機関で借り換えの見積もりを取り、それを今の銀行に「こちらの銀行で借り換えすれば、これぐらい金利を下げてくれると言ってくれているのですが……」と相談を持ちかければ、応じてくれる可能性はあります。

住まいはマイホームか賃貸か

私自身は長く賃貸派でした。若いころは収入も少なく転職や起業を予定していたし、起業しても拠点が変わる可能性があると想定していたからです。また、マイホームより不動産投資のほうを優先させていました。

しかし、現在は持ち家派です。大きく2つの理由があります。

◉ 賃貸派から持ち家派に切り替えた理由

ひとつは、すべてを自分の意思でコントロールできるからです。

賃貸では大家の意向の影響を受けます。家賃を値上げされたり、故障個所の修繕をすぐにやってくれないこともあります。2年ごとの更新手続きや更新料・火災保険料の支払いも面倒くさい。

これが持ち家なら気兼ねも誰の影響もありません。これは自由で気楽です。

二つめは、家賃がもったいないからです。

結婚して子どももできて家族構成がほぼ固まり、夫婦ともに自営業なので転職や転勤などで転居を迫られる可能性も低い。

また、保育園の待機児童や学区の問題などもありますし、銀行や証券会社など住所変更しなければならないものも多く、荷物も多い。これは時間・労力・精神的にも大変なので、よほどの理由がなければ転居は考えたくない。子どもが高校を卒業するまでなど、ある程度の長さで定住する可能性が高い。

これが賃貸で、仮に家族4人で家賃月額20万円であれば、年間で240万円。2年ごとの更新料を含めると20年間で5000万円も払うことになります。しかしこれらは垂れ流されていくだけで、何も残らない。

一方、5000万円の物件を住宅ローンで買えば、同じ月額負担が20万円でも、金利1%で24年めにローンの完済が可能です。

都市部であれば、24年後は少なくとも2000万円ぐらいの値段では売れるでしょう。売らなくてもローン返済がなくなれば、以降の住居費はぐっと安くなります。

自由と経済性という2つの理由で持ち家に舵を切りましたが、それは私の場合。周辺環境とか子どもの学校の学区とか、立地のブランドを優先する人もいると思います。何を重視するかは人それぞれですから、自分がどのような暮らしを望むかで判断することになります。

◉一生賃貸は成り立つのか?

一生賃貸派も増えているようですが、成り立つ可能性はあると思います。それは、地方や郊外への移住です。

地方や郊外に行けば家は余っており、激安の家賃で住めます。人口減少が叫ばれていますが、死者数内訳の多くは高齢者で、彼らの家のほとんどは持ち家です。子は不便な場所の実家は継ぎませんから、親が亡くなり相続で引き取っても買い手が現われず持て余します。

なので激安の家賃で借りられる可能性が高く、これなら年金が多くなくても十分賄えるでしょう。

しかし、地方や郊外は車がないと買い物も病院へ行くのも不便で、高齢になると運転も不自由になるから困るのでは？　という意見もありますが、買い物の不便さはネット通販やドローン配送で解消されます。また、あと10～15年もすれば、自動運転車によって自分で運転しなくても自動でどこにでも行けるようになると思います。

なので現役を退いたあと地方に移住することで、一生賃貸でも暮らすことが可能になる、というのが私の予想です。

ただし、便利な都市部で暮らそうとすると、一生賃貸は厳しいかもしれません。

そもそもの家賃が高いので、限られた年金の中から捻出するのはかなりの負担だからです。また、孤独死などを恐れて大家さんが一人暮らしの高齢者に貸すのを渋る可能性が高くなります。すると、大家が契約の更新時に値上げしてくるとか（値上げが嫌なら退去してくれて構わないから）、そもそも貸してくれないということが起こり得ます。家賃のせいで生活がカツカツになるのは本末転倒ですし、値上げで払えなくなってほかに移りたくても貸してくれないという状況はなかなか辛いでしょう。

◉ マイホームを買ったほうがいい人とは？

そこで老後も都市部に住みたいという場合は、現役のうちにマイホームを買っておくこともひとつの手です。仮に老後にお金がなくても、とりあえず住むところには困らないというのは、ひとつの安心材料だからです。

定年退職と同時にローンの返済が終わるようにしておけば、多少は修繕費がかかったとしても老後の住居費はかなり抑えられます。持ち家は負債と言われることもありますが、こう考えれば「老後の住居費の前払い」と言えるでしょう。

今は住宅ローンの金利は優遇されていますし、ローンを組めば通常は団信（団体信用生命保険）に加入しますから、生命保険の代替にもなり得ます。住宅ローン控除も受けられますから、節税にもなる。

さらに利便性の良い場所であれば、売ることも貸すこともできるし、リバースモーゲージ（注1）も使える可能性が高まりますから、老後の選択肢は増えるでしょう。

注1　自宅を担保にお金を借り、自分が死んだら金融機関がそのマイホームを売却して資金回収する仕組み。

ただしマンションの場合、修繕積立金は一般的に徐々に高くなりますから、ローンを完済しても、管理費+修繕積立金で結構な金額が毎月かかります。

また、大規模修繕のために一時金を徴収されるケースもありますし、老朽化しても建て替え問題の協議が難航しているマンションもあり、注意が必要です。

さらにマンションは多種多様な人が住んでいますから、住人で構成されている管理組合が紛糾することもあります。

また、将来転居の必要に迫られたときにマイホームが足を引っ張らないように、「貸せる」「売れる」ような場所を選ぶことです。

家を買うときは、その物件を貸したらいくらの家賃で貸せるか賃貸ポータルサイトで相場を調べ、住宅ローンの返済額+諸経費（固定資産税、管理費、修繕積立金）の額と比べてみる。その差が小さいとか、家賃のほうが高くてむしろプラスになるという物件のほうがよいでしょう。仮に何らかの理由で転居しなければならないとか、住宅ローンの返済が苦しいといった場合でも、家を売ることなく所有し続けることができます。それに、貸せる物件は売れる物件でもあります。

郊外の家が安いとは限らない

家を買うときに便利な都心や駅近は値段が高いから、郊外の手が届きやすい金額の家にしようと考えるかもしれません。

その際に意識したいのは、住宅ローンの返済額だけで判断しないことです。

たとえば郊外の新興住宅地に手ごろな家を買ったけれど、子どもが都心の私立校に通うようになった。その際、通学定期がべらぼうに高く、3カ月定期で都内のワンルームマンションが借りられるほどの金額になった、ということが起こりえます。

実際、新路線と共に開発された千葉県郊外のあるニュータウンでは、東京駅までの通学定期が1カ月で2万円。これで子どもが2人なら4万円です。もちろん通常の乗車運賃も高く、往復で2000円以上。

確かに郊外に行けば行くほど家は安く買えますが、これではいったい何のためにわざわざ通勤通学にも不便な郊外に家を買ったのか、ということにもなりかねません。

会社員なら通勤定期代は会社から支給されるため気にならないとしても、定年退職

後は自腹ですから、都心に出るのが億劫になり、行動範囲が狭まる可能性がありま
す。

また、子どもの医療費助成、私立保育園補助や高校の学費補助など、自治体によって補助金制度や助成金制度が異なります。

そのため、都市部であれば受けられたはずの助成金が、郊外の市区町村では実施されておらず自腹、あるいは金額が下がるということも起こります。たとえば医療費は東京23区は12歳まで無料ですが、私が住んでいる自治体は1回の受診で200円かかります。無料は6歳までという自治体もあります。

すると、もっと便利な場所でもっと値段の高い家を買っても、実は月々の実質的な支出は変わらない、ということもあり得るでしょう。

つまり持ち家を探す場合、単純に家の購入価格や住宅ローンの返済額だけで判断するのではなく、生活コスト全体を俯瞰しておく必要があるということです。

もちろん、住まい選びは金銭面だけではありませんので、そこが気に入ったので負担は気にならないということであれば、まったく問題はありません。

年会費を見直そう

会員ビジネスは魅力的です。これは、自分がビジネスをする立場になってみるとわかります。

刈り取り型の収益モデルでは、つねに顧客を開拓し続けなければならず不安定ですが、毎期一定の会費収入は安定収益になるからです。

逆に言うと、自分が買い手の立場になったときには注意が必要だということです。企業は、いかに会員になることを促し、安定収入を得ようと考えているため、使いもしない会員費を取られることもあるからです。

そこで、**意外に見落としがちな、毎年引き落とされている、年会費などの固定費を見直してみましょう。**

直近1年間の、預金通帳とクレジットカードの請求明細を、端から端まで眺めてみると、いろんなものが引き落とされているのがわかります。

たとえば、携帯電話の請求明細に、使ってもいないサービスの料金がかかっていないでしょうか？　もしかしたら、契約時に自動的につくサービスを、そのまま継続しているだけかもしれません。

最近は見かけなくなりましたが、携帯電話を買うとき、「○○パック」「○○サービス」をつけなければならない場合があります。3カ月無料なので、不要なら3カ月後に解約してください、というものですが、だいたい忘れたり面倒くさくなったりして、そのままにしてしまいがちです。

もちろん、それがキャリア側の狙いなのでしょうけど、もし使っていなければ、すぐ解約の電話をしましょう。

自動車を保有している人ならご存知のとおり、ロードサービス(注1)が、民間の自動車保険の多くに最初から付保されています。年会費無料のETCカードに付保されているものもあります。

これは、JAFとほぼ同じサービスが受けられるので、JAFをやめて年会費を節約する、という方法も取れます（ただしJAFのほうがサービスは手厚い）。

注1　故障時やガス欠時の対応、カギの開錠、バッテリー上がり時の充電など。

あるいはクレジットカードの年会費。

プラチナカードやブラックカードは、空港のラウンジが使える、各種損害保険がついている、いつでも電話でコンシェルジュに相談できる、などのサービスがありますから、海外へ行く機会が多い人はメリットがあります。また、ポイントも多くつきます。

しかし、それほどカードを使わないとか、海外へ行く機会もそう多くないという人は、数万円の年会費を払ってまで持つ価値があるかどうかを見直してみましょう。

デパートで買い物をする機会が多い人は、年会費を払ってでも、そのデパートのハウスカードを持つ価値はあります。**たとえば、伊勢丹カードは、20％の割引を受けられますから、年間1万円以上使う人なら、年会費2100円を支払っても、十分おつりがきます。**

インターネットのプロバイダ料金もずいぶん安くなっていますから、もう何年も見直していない、という人は、価格比較サイトでチェックしてみると、乗り換えたほうが全然安い、ということもあります。

生命保険は期間限定化する

生命保険に毎月1万円払っているとしたら、年間12万円、20年間で240万円です。これは大きいですね。

しかし、冷静に考えてみると、自分が死んだら誰かが困る、という期間は限定的なものです。ほとんどの場合、子どもが生まれてから成人するまでの約20年間ではないでしょうか。

そもそも独身の場合は、自分が死んでも経済的に困る人はいませんし（自分が親の面倒を見ている場合は別として）、結婚しても夫婦共働きなら、子どもがいなければ、自分が死んでもなんとかなります。

そして、子どもができても、奥様が早期に職場復帰する計画であれば、死亡保障額はそう多くなくてもよいでしょう。

また、自宅をローンで買うと、団体信用生命保険に加入しますが、自分が死んだら保険会社が残りのローン残高を全部払ってくれますから、これも保障の一部と言えます。

残された家族にはローン返済がなくなりますので（厳密には固定資産税などはかかります）、生活費と教育費の一部が賄えればよいとわかります。

その教育費も、子どもの学校はすべて公立であれば学費はかなり抑えられます。大学にお金がかかるからきついという人は少なくありませんが、優秀なら返還不要の給付型奨学金をもらえる可能性がありますし、通常の貸与型奨学金も利子がゼロ（あっても非常に低利）です。お金がなければ安価な通信制大学もあります。

そう考えると、必要な保障額はもっと少なくてよいとわかるかもしれません。**そして、本当に死亡保障が必要な時期、金額を算定したうえで保険に加入し、それ以外の期間は無保険でも構わないという結論が出る人もいるでしょう。**

このように、考えれば過剰にお金を支払わなくても済む可能性がある一方で、考えるのが面倒くさい人は、相対的に高いお金を払わされている可能性があるのです。

繰り上げ返済をあえてしない

マネーの専門家の中には、「借金は悪」と言って、「お金が貯まったら住宅ローンを繰り上げ返済しなさい」と主張する人がいます。

もし、あなたが、たとえば貯まった何百万円かを住宅ローンの繰上げ返済にあてようと考えているなら、ちょっと立ち止まって考えてみましょう。

住宅ローン元本の返済は、繰り上げ返済する・しないに関係なく一定ですから、繰り上げ返済で節約できるのは、金利分です。そこでの判断基準は、住宅ローンの金利よりも、高い利回りで運用できるかどうかです。

住宅ローンの金利が3％だとして、もし自分が年利3％超で運用できるのであれば、資金を繰り上げ返済に回すより、運用したほうがトクになります。逆に、3％超の利回りを得られる自信がない場合は、繰り上げ返済をしたほうがトクということです。

住宅ローンの繰り上げ返済は、毎月の返済額を減らすほうではなく、返済期間を短縮するほうで繰り上げするほうが全体の金利コスト削減効果が大きくなります。

自動車などの高額品を買うときも同じです。たとえば200万円の車を、全額キャッシュで買うか、オートローンを組んで買うかは、運用利回りと比較して決めます。キャッシュで買えば、ローンはありませんから支出は200万円です。

仮に自己資金を使わず全額ローンで買い、オートローン金利が3・5％、5年返済という条件の場合、金利支払額は5年間で18万3000円。

その200万円で配当利回り（注1）7％の株式を買えば5年間で受け取れる配当額は42万円。オートローンの金利を差し引いても23万7000円も儲かる。むろん株価は上下しますし配当も変動しますから確実というわけではありませんが、キャッシュで車を買うよりチャンスは増えるでしょう。

これは、良い悪いを論じているのではありません。自分のお金をどういうセクターに投入すれば、最も資金効率が高まるかを考えてお金を使う、という選択の問題なのです。

注1　配当利回りを求める計算式
配当利回り（%）＝1株当たりの年間配当金額÷1株購入価額×100

少子化の要因のひとつは親の呪い。子どもの進路はたくさんある column

結婚や出産を躊躇する人が多い印象があります。**日本の社会環境全体が先行き不透明で、子育てが不安で「子を育てるにはお金がかかる」と感じている人が多いからだと思います。しかし本当なのでしょうか。**現代の親の「子には大学までは行かせないといけない」というのはある種の「呪い」だと感じます。現実には「大学に行けばなんとかなる」ということはなく、何ともならないことのほうが増えているのですから、過剰に大学進学に執着する必要はないと思います。仮に高卒で就職したとして、高卒は不利だと本人が痛感しているとか、社会に出て自分に足りないものがわかり「これを真剣に学びたい」と問題意識が高まってから大学に入り直すほうが教育的な意義があるし、**本人がお金を貯めて(あるいは本人名義の教育ローンで)入学するなら、親の負担も減るでしょう。大学ではなく専門学校に進む道もあるでしょう。**

私が勤めていた会計事務所には、大学ではなく専門学校を出て会計士や税理士になった人もいました。私の知人は自動車整備工場を経営していて、車が好きで専門学校に行き、整備士の資格を取って修行して独立し成功しています。**大卒にこだわるなら、三流大に行くよりも名の知れた大学の通信制という方法もあります。**実際、早・慶応大学も通信教育過程があり、学費も通学より圧倒的に安いです。通信であっても卒業すれば「早稲田卒です」「慶応卒です」と言えます(ただし卒業は難しい)。

さらに**防衛大学校(将来の幹部自衛官を養成する士官学校)なら全寮制で学費はタダ、しかも国家公務員という立場ですから給料までもらえます(卒業後は原則任官ですが)。他にも気象大学校とか学費がかからない学校も。**

大学進学は数ある進路のひとつに過ぎず、それが「絶対解」ではないのですから、親も子も、もっと視野を広げればこの「呪い」から抜け出せ、お金がかかるからと子を持つことへの不安も減るでしょう。

第3章

使う

賢い消費者になってお金の「壁」を越える

企業や商品を選ぶときは、「なぜ広告が打てるのか？」に注目

原則として、派手な広告宣伝をしている企業の商品は、慎重に選ぶほうがよいでしょう。

なぜなら、そんな商品には、広告にお金がかけられるほど分厚い利益が乗っているかもしれないからです。つまり、それだけ高い代金を支払わされる可能性があるからです。

たとえば、私も輸入化粧品の通販事業をしていたことがあるのですが、化粧品自体の製造原価は、定価の10％未満です。つまり、商品そのもの以外の、パッケージやら流通やら販促のコストが乗っかっていて、価格が設定されているのです。

また、新築マンションも要注意です。

たとえば、共用部分が充実しているマンションを想像してみてください。豪華で広いエントランス、フィットネスルームや展望室など、相応の建築コストがかかっていますし、その部分の土地代もかかっています。ではその分は誰が払うかというと、各戸が分担してお金を払っているわけです。そのほかに、営業担当の人件費が必要です。ネット広告や新聞折込チラシ、電車内広告、立派なパンフレットの制作など、広告宣伝費もかかります。モデルルームの建設にも数千万円単位のコストがかかります。

ということは、デベロッパーはそれらコストを回収しなければならないですから、価格にオンされていることは想像に難くありません。

反対に、中古マンションは、そうした利益がすでに落ちていますから、一般的には割安になるわけですね（もちろん、売主が強気とか、希少性が高ければ、買ったときの値段よりも高くなることもあります）。

というふうに、企業のコスト構造を想像して買い物の意思決定をする、という方法も、無駄なお金を払わされない工夫のひとつです。

リセール可能なものは資産性を意識して買う

リセール可能なものとは、中古市場や転売市場が整備されていて、自分が使ったあと売却できるもののことです。

中古車や中古住宅などが典型例で、人気があるものなら高値で売却できますから、買うときの値段が高くても、最終的には安くつくというのはわかりやすいと思います。

たとえばマイホームを選ぶとき。貧しくなる人は、戦略的に（立地や将来の資産価値を考慮して）不動産を選ぶというよりも、自分の収入で買える価格帯から、その場所のその物件を選ぶ、という傾向があります。さらに新築信仰が強く、「新築だから買う」という判断をします。

そのため、都心から遠く離れた郊外とか、最寄駅からバスを使うなどの不便な場所の家を選んでしまいます。

そして将来の資産価値は大きく下がり、仮に2500万円で買った家が30年後にはたとえば500万円になる、という事態になります。

一方で、ちょっと値段は高くても都心の便利な場所に買っていたらどうなるか。仮に買ったとき5000万円したとしても、30年後もほぼ同じ値段で売れれば、その30年間はほとんどタダで住めたことになります。しかも通勤通学にも便利。

これは車でも同じで、中古車の値段はオークション相場というのがあり、年式や走行距離によって買取価格はほぼ決まります。そのため、たいていの車の価値は、5年で半分くらいに下がってしまいます。

しかし、たとえばフェラーリなどの高級スポーツカーは中古車となってもあまり値段が下がらないことで有名です。生産台数が少なく良質な中古車があまり出回っていないためです。

また、トヨタのランドクルーザーといったSUVや、同じくアルファードなどの高級ミニバンは、中古になっても海外市場で高く売れるため、オークション相場とは別の価格形成がなされます。

ＳＵＶは未整備な道路が多い中東やアフリカで人気ですし、高級ミニバンはアジアの都市部で送迎用として人気があります。

こうして最初の車両価格が高くても買取価格も下がりにくければ、こちらも安く乗れたことになる。しかもそうした車はたいてい高級車なので、所有している間は便利で快適という、ダブルでメリットを得られるわけです。

このほかにも、絵画や陶器といった希少性の高い芸術品、高級腕時計や高級ブランドバッグといった趣味性の強い商品、アンティーク家具など経年によって価値を増すものなど、見渡してみればたくさんあることに気がつきます。

上手なお金の使い方とは、単純に安い値段で買うということだけではなく、入口から出口までのトータルで考えることです。

つまりこうしたリセール市場のある商品は、資産性（換金価値）が高いものを意識して選ぶ、というのもひとつの考え方です。それは結果として良いものを選ぶことであり、快適性など満足度も高い買い物につながるでしょう。

長く使うものは良いものを買う

もちろん、すべての商品で高級品がよいというわけではありません。

前ページとは反対に、リセール市場があまりない、あっても希少性や趣味性が高くない商品は、徹底的に安く買うほうが、経済面では得です。

たとえばパソコンやスマホ、家電、OA機器などは、新モデルが出れば旧型の価値は大きく下がりますし、製造から5年以上経てば、ほとんどの電化製品の買取価格は二束三文になります。

なのでこういったものは、ネットで比較したり決算セールといったバーゲンを利用し、安く買うほうがキャピタルロスは避けられます。

ただし注意が必要なのは、安物買いの銭失いという言葉があるとおり、安く買ってもすぐダメになり、修理や買い替えの頻度が高くなると、結局は高くつくことになりかねないこと。

特に、長く使うものや使用頻度の高いものは、良いものを選んだほうが結果として賢い買い物になる場合がよくあります。

たとえばわが家の例で恐縮ですが、フライパンや鍋といった調理用品は、高機能なものを買っています。

調理道具は値段だけではなく、たとえば「焦げつきにくさ」や「掃除のしやすさ」、そして「耐久性」も重要であり、激安商品とは明らかに差があります。そしてこれは毎日のことですから、やはり快適に使えるほうがいい。

同じように、家庭で使う洗剤類も、「汚れの落ちやすさ」「すすぎの泡の切れ」「除菌効果」といった機能に依存しますから、これらはちょっと値段が高くても、毎日の家事を楽にしてくれる効果があります。

一方で、子どもの食器などは100円ショップのものも利用しています。

商品・サービスのコスト構造を知る

賢い買い物をする方法のひとつは、モノやサービスのコスト構造、あるいは流通の仕組みを知ることです。その知識があれば、価値の割に割高な商品を見抜くことができるからです。

たとえば、生命保険や医療保険。これら保険の販売は代理店制度によって成り立っていて、セールスパーソンは保険を売ると保険会社から手数料が入ってくるようになっています。

その保険営業の世界には、成績に応じてランク制度があります。

おおよそですが、年間1000万円以上の手数料収入を得ると「MDRT」という資格の認定を受けられます。その上位資格のCOTは年間3000万円、最上位の

TOT資格になると年7000万円程度の報酬を得た称号です。

ビジネス交流会などで名刺交換すると、名刺にも印刷されています。ではなぜ保険の営業はこうも稼ぐことができるのか(もちろん、稼げていないセールスパーソンもたくさんいますが)。

また、保険代理店に保険の相談に行くと、商品券やクオカードをもらえるというキャンペーンがよく行われています。保険に入らなくても、相談してプランニング提案を受けるだけでもらえることもあります。

さらにテレビをつければ、至るところで保険のコマーシャルが流れています。「アヒルのCM」といえば、「ああ、あれか」と思い出せる人も多いのではないでしょうか。ではその経費はどこから出ているのか。その原資となっているのは、当然ながら顧客から得た保険料収入です。

これは保険がどれほど儲かる商品かがわかるとともに、人はそう簡単に死んだり入院したりはしないということを示しています。

医療保険などはほとんどの商品が掛け捨てですから、病気にならず入院もしなければ

ば、払ったお金は全損となります。（それはそれで喜ばしいことだと言えるかもしれませんが）

しかも仮に30歳で加入しても70歳前後までは掛け続けることになりますから、逆に保険会社から見れば40年間もチャリンチャリンと継続的にお金が転がり込んでくるということです。

そうして集まった膨大な顧客のお金を、保険会社は有価証券や不動産などで運用しています。都市部でも「○○生命ビル」と保険会社の名前が入ったビルをよく目にしますが、彼らは客のお金でビルを建てて賃貸収入を得ているのです。

もちろん「保険のおかげで助かった」という人も少なくないため、意味がないとか不要だというわけではありません。しかし、保険の利益構造や保障を受けられる確率を知れば、保険ではなく貯蓄で備えるほうが合理的という人もいるはずです。

同様に、派手な広告宣伝がされている商品の原価を調べてみれば、実は値段ほどの価値がないことがわかります。

たとえば、ほとんどの化粧品の原価は1割以下、コンビニで売っているドリンク剤

の原価も10円とか20円といわれています。

自分はいったいどんな価値にお金を払っているのか。それを測る方法のひとつは、商品・サービスのコスト構造や流通構造を知ることです。

なるべくクレジットカードで支払う

家計簿をつけている家庭もあると思いますが、その作業が不用になる方法をご紹介します。それは、「カードが使えるものはカードで支払う」という方法で、こうすればカードの請求明細＝家計簿になります。

「カードだと使いすぎてしまう」という人は欲求のコントロールができていないということです。現金だろうとカードだろうと、必要なものは必要だし、不要なものは不要というのは本来は変わらないはずですから。

それに、クレジットカードは、お金を払うのを1カ月も待ってくれるうえ、ポイントまでつくという、便利なツールです。

たとえば、10万円を金利10％で借りると、支払う利息は1カ月で約800円ですから、カードで10万円分の買い物をすると、約800円分トクをしていると言えます。

それに、前述のとおり、最もポイントが貯まるクレジットカードをメインの1枚として使い、公共料金も携帯電話代も、クレジットカード支払いにすれば、かなりポイントが貯まります。


今や、ほとんどの店でカードが使えるので、現金を引き出すためにATMに行く頻度を少なくすることができます。

あるいは、交通系の電子マネーカード。関東ならSuicaやPASMO、関西ではICOCAなどですね。券売機で直近2カ月の利用明細を印刷することができるので、いつどこに行って、いくら使ったかがわかります。

Edyなども同様ですが、書店やコンビニでも使える店が増えているので、ちょっとした買い物にも便利です。なにしろ、決済スピードが驚くほど速いですから、レジでもたもたする必要がありません。時間の節約にもなります。

私はビックカメラSuicaを交通費専用に持っていますが、残高が1万円を下回ると自動的にクレジットカードからチャージされるオートチャージの設定をしているので、チャージの手間すらかかりません。

クレカや電子マネーを使い倒す

一般的なクレジットカードのメリットといえば、

- **多額の現金を持ち歩かなくて済む**
- **支払いを1カ月待ってくれる**
- **旅行保険や盗難保険、コンシェルジュサービスなどが付帯している**
- **カード会社が提携している企業の商品・サービスが割引となる**
- **ポイントやマイルが貯まり、それをほかの買い物で使える**

といったところでしょう。

また、前述のとおりSuica、PASMO、Edy、WAON、nanacoなど

に代表されるチャージ型の電子マネーも大変な勢いで普及しています。
そんな電子マネーのメリットは、

- **決済スピードが速い（サインや暗証番号の入力が不要）**
- **紛失や盗難に遭ってもチャージした金額分のみの損害で済む**
- **電車やタクシーなど、1枚でマルチに使える**
- **チャージしたときや使ったときにポイントが貯まる**

といった点が挙げられると思います。

こうしたクレジットカードや電子マネーの最大のメリットのひとつが「ポイント」です。利用額に応じてポイントがつき、値引きと同じ効果を得られるのは前述のとおりですが、**今や公共料金から家賃まで、多くの商品・サービスをカード1枚で支払うことができます。**

以前、ダイナースクラブカードでフェラーリを買った人の話がニュースになりましたが、いきなり超絶ポイントが貯まってうらやましい！……といっても、これはなかなかできない話です。

私たち一般人の1回の買い物で貯まるのは小さなポイントにすぎません。それでも日々の生活の中で、半年、1年、10年と積み重なっていくと、結構な金額になります。

さらに、従来にはなかったサービスを提供するカードも登場していますから、そのおトク度はますます高まっています。

つまり消費者である私たちにとっては、チャンスの多い時代でもあるのです。

いろいろ調べてみると、昨今はカード会社や発行主体企業の顧客獲得競争が激化しており、続々と新カードや、カードに付帯する新サービスが登場していることに気がつきます。

さらに、企業が発信している情報だけではなく、個人のブログなども見てみると、カードオタクというか、超絶に細かい知識まで披露してくれているサイトもあります。

自分が知らなかったお宝的な情報に遭遇することもあるので、検索してみる価値は高いと思います。

◉カードを作るときの注意事項

ここでちょっと注意事項があります。

短期間に集中して複数のクレジットカードを作ろうとすると、個人信用情報データベースにたくさんの照会記録が残り、審査に落ちやすくなる点です。

金融機関やカード会社、信販会社などは、個人の経済的な信用記録を共有し、ローンやカードの審査のとき必ず照会するようになっていて、そのデータベースを閲覧すると、「照会記録」が残ります。そのときたくさんの照会記録があると、不審がられるようです（なお、照会記録は通常は1年程度で削除されます）。

私もかつて、続けて高還元カードに申し込んで審査に落ちたことがあります。もしかすると、「こいつはいろんなカードに申し込んでいるから、お金に困っているか、ことごとく落ちた信用度の低い人物なのだろう」と思われたのかもしれません。

また、過去5～7年以内にクレジットカードの事故（督促が何度も来るような延滞など）があれば、個人信用情報にその情報が記録されている可能性が高く、カードの審査は厳しくなります。

自分のライフスタイルに合ったポイントを選ぼう

カードを作るときは、ポイントの利用方法も事前に調べておきましょう。

たとえばリクルートカードで貯まったポイントは、原則的にリクルート社が提供するサービス（旅行予約サイトの「じゃらん」、ショッピングサイトの「ポンパレモール」「ホットペッパー」など）の中でしか使うことができません（ポンタポイント、dポイントへの交換は可能です）。

そのため、自分がこれらの商品・サービスを利用する機会がなければ、いくらポイントが貯まってもまったく意味がないということになります。

このようにポイントの使い道がカード会社によって制限されているケースもあるので注意が必要です。

ポイントまとめサイト

Gポイント

Pex

セゾンカードは「永久不滅.com」というウェブサービスを提供しており、アマゾンをはじめ多数の企業が参加しています。

そのうえ永久不滅.com経由でショッピングをすれば、ポイント2倍など、さらにポイントが加算されます。

自分がよく買い物をするショップが多く登録されているなら、おトク度が高いでしょう。

とはいえ、**多くのカード会社のポイントは、ポイント交換サイト（Gポイント**(注1)**やPeX**(注2)**といった**

注1、2　さまざまなポイントサイトのポイントをまとめられるポイント中継サイト

ポイント交換のウェブサービス）で、他社で使えるポイントに変換したり、商品券に換えたりすることができますので、過剰に神経質になる必要はありません。

これらは調べればすぐにわかりますので、自分に最適なポイントはどれかを見極め、最もメリットのあるカードを集中して使うのがよいと思います。

◉「ポイントサイト」をフル活用するコツ

今はウェブサービスの進化によって、ポイントの二重取り、三重取りが可能な時代になっています。

前述の永久不滅.comなどのように、ポイントが貯まるサービスを集めたポータルサイト（ポイントサイト）というものがあり、そこを経由して買い物をすると、さらにポイントが貯まるようになっているのです。

たとえば楽天で買い物をするとき、ダイレクトに楽天のホームページにアクセスして購入するのではなく、いったんポイントサイトを経由して楽天に飛んでから買うと、プラスでポイントが貯まるという仕組みです。

経由するだけでポイントが貯まるサイト

げん玉

ハピタス

「ハピタス」や「げん玉」などが有名で、私もハピタスをメインで使っています。

たとえば本を買うとき、私は次のようなルートを辿っています。

店頭では実際の書籍を確認してメモするだけで、買うときはネットで注文します（書店さんには申し訳ないですが……）。

紙おむつや粉ミルクなどのベビー用品はアマゾンの定期配送のほうが安いのですが、アマゾンはほとんどのポイントサイトに参加していません。

ただ、カード会社が運営するショッピングモールには参加しているので、ここ経由で買えばカードのポイントに加え、モールのポイントがつきます。

第4章

増やす

投資と上手につき合って「壁」を越える

iDeCoは最強の老後対策のひとつ

65歳を迎えて「ＮＩＮＪＡ」になる人が急増するといわれています。

ここでいうＮＩＮＪＡとは「忍者」のことではなく、「No Income, No Job or Asset」、つまり収入も仕事も資産もないことを意味します。

年金支給開始年齢も70歳への引き上げ説が出ているなど、無策のままで老後に突入すると、かなりしんどい状況になりかねません。

その対策の中でも有力な方法のひとつが日本版４０１ｋともいわれる「確定拠出年金」です。

「確定拠出年金」は「ＤＣ（＝Defined Contribution pension plan）」という略称で呼ばれています。本書でも以下ＤＣとします。

次に、ＤＣには「個人型確定拠出年金＝個人型ＤＣ」と、「企業型確定拠出年金＝企業型ＤＣ」の２種類があります。

「ｉＤｅＣｏ（イデコ）」という呼称を耳にする機会が増えましたが、これは２０１６年秋、厚生労働省が公募して決めた個人型ＤＣの愛称です（individual-type Defined Contribution pension plan だそうです）。

「企業型ＤＣ」は制度の導入を決めるのが「企業」ですので、ここでは主に個人が自由に加入できる個人型ＤＣ、つまりｉＤｅＣｏを念頭に解説します。

◉ 景気や能力とは関係なくメリットを享受できる

ＤＣは、会社員も自営業者も経営者も、加入条件を満たすあらゆる働き方をする人が等しくトクをする制度です（非課税世帯を除く）。

ＤＣは、収入の低い人でも年利15％、平均的な年収５００万円〜８００万円の人なら年利20％、年収１０００万円を超えるような人なら年利33％もの高利回り商品となり得ます（独身者の場合。家族構成や所得によって異なります）。

ゼロ金利時代の現在、資産運用で年利10％という数字を上げ続けるのは至難の業ですが、それがＤＣを活用すれば、本人の努力や才能とはまったく関係なく、15％や30％といった年利を稼げるのです。

でも、本当にそんな夢のような話があるのでしょうか。

実は――この利回りは、「減税効果」によるものです。

ＤＣの掛け金は〝全額所得控除される〟ため、所得税と住民税が安くなります（会社員の場合は年末調整による所得税の還付、住民税減税による毎月の手取り額アップとなります）。

「増やす」というより「（税金という）支出を減らす」ことで、実質的な経済的メリットを得られるわけです。

この減税効果は加入期間中ずっと続きますから、今30歳の人であれば、ＤＣの年金を受け取れる60歳まで30年間もこの恩恵を得られます。

これは景気に左右されることもありませんから、株価や為替とはほぼ無関係に、長期間メリットを享受できる制度なのです。

さらに、加入期間中に得られた運用益（金融商品の売却益、分配金、利息など）も全額非課税で、投資信託にかかる手数料も一般の証券口座で買うよりもずっと安い。

60歳を迎えてDCの年金を受け取るときは、一括で受け取る「一時金方式」か、毎年少しずつ受け取る「年金方式」、あるいはその併用から選べますが、一時金方式なら「退職所得控除」、年金方式なら「公的年金等控除」の適用を受けることができます。

これは、民間の保険の満期返戻金が一時所得や雑所得扱いとなり、総合課税となるのと比べても非常に優遇されています。このように目を皿のようにして「DCをやらない理由」を探しても、私には見つからないのです。

何と言ってもこれを、国家が「合法的な制度」として用意しているわけですから、フル活用しない手はないと思います。

◉弱点をあえて挙げるとすれば

では、弱点はないのでしょうか？

詳細は後述しますが、DCは金融商品を自分で選んで自分で運用する制度なので、うまくやれば資産の増加が期待できます。その反面、相場の変動によって元本が減る可能性もあります。それが不安な場合、定期預金や貯蓄型の保険商品を使えば、途中解約しない限り基本的に元本が減ることはありません。ただし、**インフレ時には実質的に目減りすることになります。**

とはいえ、仮に運用で利益が出なくても、インフレで若干目減りしたとしても、節税分だけは確実にメリットが得られます。DCはいったん始めたら60歳までは引き出せない制度なので、「使いたいときに使えない」という点を指摘する人もいます。でも、逆に「老後資金を強制的に貯められる」と考えれば、むしろ長所とも言えるでしょう。

◉ DCと通常の年金との違い

DC制度を単純化して言うと、「加入者が毎月掛け金を払って、定期預金や保険、投資信託などで運用し、60歳以降に年金として受け取る制度」です。

言い換えると、「自己責任で運用することを引き受ける代わりに、国が税制の面で優遇してくれる年金制度」でしょうか。

これは、サラリーマンが加入している厚生年金、自営業者が加入している国民年金とはまったく別の年金制度です。

もうひとつ通常の年金と大きく異なるのは、年金が「賦課方式《ふかほうしき》」（注1）であるのに対し、**DCは「積立方式」である点です。**

賦課方式の年金は、「将来いくらもらえそうか」というシミュレーションはできても、徴収された年金保険料は全員の分がごちゃまぜにされるため、自分が預けたお金がいったいいくらになっているのかはわかりません。逆にこれが不公平感のもとにもなっています。

一方、積立方式のDCは、自分がもらう年金は自分で積み立てるもので、「自分で積み立てたお金はすべて自分で受け取る」年金制度です。**さらに、「見える化」と「持ち運び」も可能です。**

積立をしている金融機関の専用ウェブサイトにログインすれば、自分のお金が今いくらになっているかがすぐにわかります。転職・離職する場合でも、自分のDCを持ち運ぶことができます。

注1　現役世代から広く保険料を徴収し、受給者にそのままスライドして分配する。

ＤＣでは、払い込みの窓口となる民間の金融機関（銀行や証券会社など）を自分で決め、そこが用意している金融商品の中から自ら運用する銘柄を選びます。**商品の種類は、大きく「元本確保型」のものと、「元本変動型」のものに分けられます。前者には定期積立預金や確定給付型の生命保険が、後者には株式や投資信託があります。**

加入期間は「最低10年」で、「10年以上加入すれば60歳から受け取り」ができます。仮に52歳で加入した場合、受け取りは62歳からと後ろにずれる形になります。このように、自分で積み立て、運用方法も自分で選ぶ。何から何まで自己責任の年金です。

◉ ＤＣの加入条件と掛け金

先に説明したように、ＤＣには大きく分けて、「企業型ＤＣ」と「個人型ＤＣ＝ｉＤｅＣｏ」の２種類があります。

企業型ＤＣの場合、会社が制度を導入し、社員のために掛け金を拠出します。会社が負担する金額に加えて、個人が追加で拠出できる「マッチング拠出」も可能です。

個人型ＤＣの場合は、各人が自分で掛け金の金額を決め、自分のお金で積み立てていきます。

毎月の掛け金は最低５０００円からで、１０００円単位で指定できます。途中で金額の変更も可能で、届け出をすれば年１回変更が可能です。家計が苦しいときは、会社や金融機関に届け出をして一時的にストップすることもできます（その間は退職所得控除の加入期間にカウントされません）。

拠出できる掛け金の金額は、会社員か自営業か、あるいは会社の制度の有無によって上限が決まっています。

自営業者の場合は個人型ＤＣで、掛け金は国民年金基金と合わせて月６万８０００円までです。たとえば国民年金基金に毎月２万円払っていれば、確定拠出年金の掛け金は月４万８０００円までということになります。

２０１７年からは専業主婦（夫）も対象となり、月額２万３０００円まで。公務員は月額１万２０００円まで。

会社員の場合、会社が採用している企業年金制度によって変わるため、勤務先の人事務部、総務部などに聞いてみましょう。勤務先に企業年金がない会社員の場合、掛け金の上限額は2万3000円となっています。

掛け金は、通常の年金などと同じく「全額所得控除」ですから、民間の保険と同様に、会社員なら年末調整（会社に控除証明書を提出）、自営業者なら控除証明書を添付して確定申告をします。

◉ では、実際にどのくらいのトクになるか

多くの人に当てはまる月額2万3000円の掛け金にした場合。

家族構成などによっても変わりますが、一般的な所得税率10％の人の場合、年間の掛け金27万6000円が全額所得控除され、その10％分となる2万7600円の減税効果になります（所得税は年末調整で還付、もしくは給与天引きで給与支払い時に控除されます）。

住民税は10％ですが、控除で所得が減るため、これも減税となり、翌年の給与からは住民税の天引きが少なくなります。

つまり、その分手取りが増えるので、拠出した金額に対し、単純計算で利回り20％になるというわけです（住民税の計算は実際にはもう少し複雑なので、厳密にはこのとおりではありません）。

もっと収入の多い、たとえば所得税率20％の人なら住民税10％と合わせて30％の利回りになり、これが加入期間中は毎年続くわけです。

民間の保険会社が販売している個人年金保険や満期返戻型（貯蓄型）の生命保険は、所得控除額に上限があるため、減税効果も限られます。

しかし、**DCは掛け金全額が控除されるため、減税による利回りアップ効果が格段に高いのです。**

◉受け取るときも手取りが増える

国民年金や厚生年金、個人年金などを受け取る場合、その収入は「雑所得」として、ほかの所得と合算して総合課税の対象となります。

所得税は累進税率が適用されますから、年金を受け取ると所得が増え、税率も高くなって税負担が増えます。その分、住民税も高くなります。

ＤＣも年金形式で受け取る場合はこれと同じですが、前述のとおり一括で受け取ることも選べます。この場合は雑所得ではなく退職所得扱いとなり、「退職所得控除」が使えます。

退職所得控除額の計算式は、次のとおりです。

【加入年数20年以下】40万円×加入年数
【加入年数20年超　】８００万円＋70万円×（加入年数－20）

たとえば15年加入した人は６００万円まで非課税、30年加入した人は１５００万円まで非課税となり、受け取ったＤＣ年金に税金はかかりません。
20年超加入すれば控除額も大きくなるため、若いうちからＤＣを始めれば、それだけメリットも大きくなるということです。

もし受け取る金額が退職所得控除額を超えても、課税金額は超過額の2分の1となるので、やはりおトクです（ただし現時点では復興特別所得税0・21％がプラスされます）。なので、一時金として受け取るか年金形式で受け取るか、全体でどちらの税額が少なくなるかを比べて選ぶこともできます。

ＮＩＳＡ・つみたてＮＩＳＡの活用

投資信託の購入はまずＤＣからと述べましたが、一般の会社員だと月2万3000円が上限なので、それでは少ないと感じる方もいるかと思います。

そこでさらに余裕資金がある人はＮＩＳＡの活用です。

特に2024年から制度が改正されて使い勝手が格段に良くなります。利用できる金額が増額し、それまでは同時にできなかった積立投資と個別銘柄投資が、ひとつの口座でできるようになるのです。

積立投資ができる積立投資枠で年間120万円、株式投資ができる成長投資枠で年間240万円までの投資元本に対する売却益や配当、分配金が無期限で非課税となります。なお非課税となるのは、この両方の投資枠での投資総額が1800万円までです。

ＮＩＳＡの成長投資枠では、国内・海外の上場株式、株式投資信託、ＥＴＦ、Ｊ－ＲＥＩＴなど幅広い銘柄が選べます。

積立投資枠では、主に投資信託を毎月自動的に積み立てるもので、あまり売買に手間をかけたくない人向けです。

ただし、分配金を直接銀行口座に振り込まれるようにすると、ＮＩＳＡであっても課税（20％の源泉分離課税）されてしまいます。

分配金や配当を非課税にするには、受け取り方を「株式数比例配分方式」、つまり「証券口座への入金」を選ぶ必要があります。

この制度を使った政府の「株式市場に投資せよ」「株価を上げたい」という誘導が読み取れますが、それでも私たちには有利な制度であることに変わりはありませんから、うまく活用したいですね。

ちなみにＮＩＳＡ口座は税務署の承認が必要で、原則としてひとつの証券会社でしか作れない（今の証券会社をやめてほかの証券会社でＮＩＳＡ口座を作るときは、１年間の期間が必要）などのルールがあります。そのため口座開設するときは、各証券会社の使い勝手や商品ラインナップを十分に研究してからがよいと思います。

◉ 配当や金利はいつか下がる

なお、株や投資信託への投資に依存しすぎるのも危険ではないかと思っています。なぜなら、**私たち個人の力では、株価も配当もコントロールできないからです。**

株式から得られる配当収入は、企業の儲けや過去の利益の蓄積である内部留保の中から捻出されます。なので、財務余力がなくなれば、配当も減らされます。逆もしかりで、企業が儲かれば増配されます。しかし企業の業績は私たち個人ではコントロールできません。

かつて高金利通貨として人気があったオーストラリアドルは、利下げが続き、魅力が失われてしまいました。それに取って代わって人気を博したトルコリラは、2015年初頭には45円ほどあったのが、2021年末には6円台にまで下落しました。

いくら高金利でも、6年で7分の1以下というこのリラ安には到底太刀打ちできません。

外国の通貨価値やその金利水準は、私たちにはコントロールできません。

高齢者を中心に人気がある毎月分配型投資信託は、そのほとんどが元本を食いつぶして配当金を分配している、いわゆるタコ足配当になっています。毎月受け取れると思っていた配当は、実は自分が投資したお金が払い戻されているようなものです。

そして同様に、投資信託の分配金の額は私たちにはコントロールできないのです。

なので私は、資産のほぼすべてを株式や投資信託につぎ込むのではなく、投資先のひとつとして分散させるようにしています。

米国高配当・長期連続増配銘柄

ここからは、株式投資のお話をしたいと思います。

株価に翻弄されず半永久的に保有し続けられる株式投資法として私が実践しているのは、米国株で高配当かつ長期連続増配を実現している銘柄です。

まずなぜ米国かというと、米国は移民を受け入れており、人口が増加し続けています。人口が増えれば住まいも必要だし消費もします。

さらにほかの先進国と違い、少子化問題もほとんどありません。そして彼らが大人になればやはり結婚して家や車を買ったり消費をするでしょう。

つまり内需は右肩上がりであり、それは当然企業業績にも反映があり、株価も途中で乱高下はあったとしても、長い目で見れば右肩上がりではないかというのが私の推測です。

代表的な連続増配の銘柄

米国

銘柄	増配年数
アメリカン・ステイツ・ウォーター（水道会社）	69年
ドーバー（製造業グループ）	68年
プロクター・アンド・ギャンブル（日用品メーカー）	67年
ノースウエスト・ナチュラル・ガス（ガス会社）	67年
ジェニュイン・パーツ（自動車部品販売）	67年
パーカー・ハネフィン（油空圧機器メーカー）	67年
エマソン・エレクトリック（電子機器メーカー）	66年
スリーエム（化学メーカー）	65年
シンシナティ・ファイナンシャル（保険会社）	63年
ロウズ（ホームセンター）	61年

日本

銘柄	増配年数
花王	32年
リコーリース	27年
三菱HCキャピタル	23年
小林製薬	23年
ユー・エス・エス	22年
沖縄セルラー電話	21年

次に、なぜ高配当かつ長期連続増配銘柄かと言うと、高配当というのは言うまでもないと思います。株価が乱高下しても、保有し続ければ配当が得られるので、右往左往する必要がないからです。仮に暴落局面がきたらむしろラッキーで、買い増しすればいいのです。

ただし、暴落して業績も下がれば配当金も減る可能性があります。そのため、長期連続増配銘柄がおすすめです。

長期的に増配を続けている企業は、業績が安定し、事業構造も強靭であると考えられ、配当金が減配するリスクが他銘柄よりも低いであろうという判断です。

実際調べてみると、一度も配当を減らすことなく、30年以上ずっと増配を続けている銘柄が30もあり、なかには50年も60年も連続増配している銘柄もあります（2023年4月現在）。

そこで私は、米国株を中心に、もちろん株価上昇が期待できるベンチャーなどにも投資しつつ、高配当かつ長期連続増配銘柄を中心に選んでいます。

株主優待銘柄を探す

株価に翻弄されず半永久的に保有できる株式投資法のもうひとつ、国内企業の株主優待狙いがあります。

企業からすれば、安定株主が増えることは、敵対的買収を防止したり、会社運営に口出しするファンド勢の影響力を減らすことができ、望ましいことです。

その安定株主化のひとつが、個人株主を増やすことです。個人では支配権を握るほどの財力がありませんし、株主総会を荒らすようなリスクも低い。そうやって個人株主を増やし、自社のファンになってもらえば、TOB（Take Over Bid：株式公開買付）といった買収工作も防げます。

そのため、企業はあの手この手で株主優待を充実させています。そこで私たちは、そのような状況をフル活用したいところです。

株主優待も配当と同じく、優遇度がアップしたりダウンしたりすることもありますが、株価を気にせず保有し続けることができます。

ただし、自分の生活動線に密着した優待に注目し、なんとなくトクだから、という理由では選ばないほうがよいのではないかと思います。

株主優待で生活している人の記事を雑誌で読んだことがありますが、期限がたいてい半年ということもあり、その優待を使い切るためにかえって忙しくなっている印象を受けました。

「いついつまでに使わなきゃ」というのは無駄なプレッシャーですし、外食する場所が限定されるとか、「使わなきゃ損だから」と欲しくもないものをもらうのも避けたい。

たとえば牛丼チェーンなども株主優待がありますが、私はそもそも牛丼をあまり食べませんから、必要ないということになります。

毎月分配型投資信託のリスク

配当狙いなら、毎月分配型投資信託という商品もあります。しかし先にもお話ししたように、毎月分配型投信の欠点は、分配するたびに基準価額（要するに株価のようなもの）が下がっていく、いわゆるタコ足配当になりやすいことです。

実際調べてみると、分配金利回りの高い投信の中には基準価額がダダ下がりの銘柄も多く、さらに配当まで下がっているケースも多くあります。すると、前述のとおり自分が拠出したお金が少しずつ戻ってきているだけで、貯金を取り崩しているのと変わらないということになってしまいます。

もちろんなかには、高分配でも基準価額を下げていない銘柄もありますが、毎月分配型はコストがかかるため信託報酬という、いわゆる管理手数料もそれなりに高い。

つまり基準価額＋分配金－信託報酬＝が増える銘柄を探すのはなかなか難しいよう

に思います。

これなら毎月分配でなくても、低コストで運用できるＥＴＦ（注1）**のほうがよいかもしれません。**

毎月分配型投信は高齢者を中心に人気ですが、これは年金のように継続的に入ってくるために生活設計がしやすいということと、やはり毎月入ってくるのは実感として嬉しいからだと思います。

しかし、現役世代は老後までまだ時間がありますから、コストがかかる毎月分配型よりも、配当を再投資して複利を目指すほうがいい場合もあります。このあたりは、人それぞれでしょう。

注1　特定の指数、例えば日経平均株価や東証株価指数（TOPIX）等の動きに連動する運用成果をめざし、東京証券取引所などの金融商品取引所に上場している投資信託

不動産投資はサラリーマンの強い味方

不労所得の優先順位が高いのが不動産投資

株式投資もFXも、どうしても金融市場の影響を受けます。その動きは比較的激しく、やはり相場のチェックは欠かせないなど、それなりの手間はかかります。

そのため、長期安定・半自動的に不労所得を得るという意味においては、不動産投資、つまり賃貸経営が最も有力な方法のひとつだと感じます。

不動産投資は資金的にも心理的にもハードルはぐっと上がりますが、そうした障害を乗り越え、一度飛び込んでしまえば、あとは仕組みが稼いでくれるようになります。

今、私が不動産投資に費やしている時間は、1日あたり1分もありません。昨日もゼロ、先週もゼロ、先月もゼロです。所有していることすら忘れ、たまに通帳記帳をすると、しっかりお金が入っているという、そんな状態です。もちろん、たまに入居者が入れ替わったり、修繕が発生しますから、そのときは対応が必要ですが、それ以外は何もしていません。**優秀な管理会社に任せることで、自由を得ているのです。**

物件取得のスピードは個人の資金調達能力（自己資金の額や年収など）に依存しますが、時間さえかければ、成功の再現性が極めて高い投資対象だと感じます。

◉ 不動産投資は怖いのか？

私が不動産投資コンサルティングの会社を経営していたころ、お客様からたまに聞くのが、「不動産投資は危険だからやめろと、妻や両親に反対されているのですが……」というセリフです。そこで、「あなたの奥様やご両親は不動産投資のご経験があるのですか？」と聞くと、「いえ、やったことはないはずです」という答え。経験のない人のアドバイス、成果を出したことのない人のアドバイスに従うのは、理にかなっていないような気がしませんか？

不動産投資と聞くと、「怖い」「難しそう」と感じる人も多いのではないでしょうか。

それには、「巨額のローンが怖い」「素人が手を出すと損しそう」という理由があると思います。**そこでまず、不動産投資に対する先入観や固定観念を外していきましょう。**

不動産投資をシンプルに説明すると、物件を買って人に貸し、家賃収入を得る、というものです。

もし、あなたが賃貸に住んでいれば、家賃を払っていますよね。ということは、その家賃を受け取っている大家さんがいるはずです。

不動産投資とは、その大家さんになるということです。もちろん、数千万円から数億円もする物件をキャッシュで買うことは難しいですから、ローンを組んで買うことになります。

家賃収入からローン返済や経費を引いて、残ったお金が自分のもの、というわけです。自宅を買うことと比較してみましょう。

多くの人はマイホームをローンを組んで買います。ここまでは不動産投資も同じです。次に、マイホームは自分で住むものですから、自分の収入の中からローンを返済します。不動産投資では、自分で住むわけではなく、ローンは入居者から受け取った家賃収入の中から返済します。ただこれだけの違いです。

もっとわかりやすく言うと、マイホームを買って、転勤になった場合をイメージしてみましょう。転勤が一時的ならば、多くの人は家を売らないで人に貸すと思います。ということは、その時点で自分が大家さんになり、不動産投資家になったということです。**つまり、誰でも不動産投資家予備軍であり、自分が住むか他人に貸すかという違いだけなのです。**

「借金は悪だ」という価値観の人もいると思います。借金が悪になるのは、自分の懐からお金が出て行き、返済原資が不安定な場合です。反対に、良い借金は、より自分が豊かになれる借金です。これは、リスクが大きい借金をするのではなく、リスクを差し引いてもより儲かる可能性の高い借金をすればいいということで、その方法のひとつが不動産投資です。

提携先の金融機関から聞いた話ですが、住宅ローンと不動産投資ローンで破綻率が高いのは実は住宅ローンだそうです。それはなぜか？　住宅ローンの返済は、自分の収入の中から捻出しなければなりません。そのため、たとえば減給になった、病気やケガで働けなくなった、会社が倒産した、という自分ではコントロールできない外部の影響によって、返済が滞ります。しかし、不動産投資ローンの返済原資は、入居者からの家賃収入です。自分の給料や会社の状況とはまったく関係なく、入居者が入っていればローンは返済できます。

仮に空室になっても、物件を複数持っていれば、ほかの物件からの家賃で補填することも可能です。さらには、ある程度は自分でリスクコントロールできます。**たとえばちょっと家賃を下げるとか、リフォームして綺麗にするとかで空室を埋めることが可能です。**会社の決定に従うしかないアンコントローラブルな給与収入が返済原資ではないのです。

不動産投資の方法はどれも正しい

不動産投資の捉え方や考え方は、十人十色です。

私個人としては、不動産投資を「やりたいことを実現するためのステージ作り」と捉えて、「利回り」よりも「安定」を重視しています。ですから、利回りを少しぐらい犠牲にしても、入居率を高く維持できる一等地の物件を選ぶし、管理に手間がかからないように、管理会社に依頼します。

しかし、「利回り」の高さを投資の柱にする人であれば、たとえば安く買った古い物件を自分で修繕やリフォームをして高く貸すということをします。そうすれば、自分の時間やエネルギーはかかるけれども、利回りを高くすることができます。

また、区分マンションか一棟マンションか、という物件の種類の違いもあります。区分マンションは一棟マンションに比べて価格も安く、建物の管理は管理組合に任せることができます。しかし、共用部分の修繕をしたいときや、老朽化して建て替えたいときでも、管理組合を通してほかの住人の承諾が必要です。

つまり、金額が小さく手間もかからない分、コントロールできない部分が存在します。

一棟マンションは、自分の好きなときに好きなように手を加えることができます。そして、土地も自分のものですから、相続税の問題は別にしても、何代にもわたって建て替え、賃貸経営を継続することができます。しかし、外壁の塗り直しなど、建物自体の管理も自分でしなければなりませんし、そもそも投資額も大きくなります。

つまり、コントロールは自由にできるけれども、金額が大きく手間もそれなりにかかります。

これらは良いか悪いかではなく、どちらも正しいと言えます。**それぞれの価値観によって、満足のいく投資スタイルや選択の仕方が異なるというだけのことです。**

つまり、目的が違えば方法も違うということですが、ここでは長期安定的な収入源を作るという視点から不動産投資の方法を解説していきます。

サラリーマンという立場がお金を生む

金融機関は、基本的には「返済する意思と能力がある」と認めた人にしかお金を貸しません。当たり前ですよね。

ここで有利なのがサラリーマンです。サラリーマンの最大の武器は、毎月決まった収入があるということであり、その信用力によって銀行からお金を借りることができるのです。反面、フリーターや派遣社員、自営業者や赤字企業の経営者は、原則として投資ローンを組むことが難しくなります。より豊かになるための借金が、フリーターはできないけれども、会社員にはできる。これって実はすごいことです。

もしあなたが会社員であれば、それは最初からサイコロの6の目を出したのと同じなのです。いったいどれだけの人が、「自分が会社員というだけで、お金を引っ張る力を持てる」ということに気がついているでしょうか。この特権に気がついてフル活用する人と、それに気づかず、あるいはわかっていても活用しない人との間に、経済的格差が発生することがわかるでしょうか。

◉ 利回りよりも安定性——入居率を高く維持

不動産投資といっても、考え方や手法はいろいろあります。そんななかで、どうすれば長期安定化ができるのかを考えたとき、その条件は、

1、入居者が長く住んでくれる
2、今の入居者が退去しても、すぐに次の入居者が決まる
3、年数が経過しても、家賃があまり下がらない

というものになります。

1が実現できると、入居者の入れ替わりがない分、退去時の精算、ルームクリーニングや内装リフォーム、募集や契約事務といった作業が発生しないことになります。**つまり、普段は何もしなくてもよい、ということです。**それに、長く住んでくれるということは、一般的にはその部屋に満足しているということですから、クレームや家賃滞納も少なく、ますますやることはなくなります。

2が実現できると、家賃が入ってこない空白の時間が短くて済みます。

1が理想的だとはいえ、永遠にそこに住み続けることはなく、入居者は就職・転職・結婚・マイホーム購入・帰郷など、さまざまな理由で退去していきます。賃貸経営とは、必ず空室期間は発生するものであり、これはやむを得ないことです。そのとき、次の入居者がなかなか決まらなければ、その部屋の収入はゼロです。もしローンを組んでいれば返済分の持ち出しが毎月発生することになります。これはしんどい状況です。

しかし、すぐに決まれば、再び家賃収入が入ってきますから、持ち出しも少なく、安心です。

3が実現できると、収益のブレが少なく、精神的にも金銭的にも非常に安定します。もちろん、物件が古くなると、家賃が下がるのはやむを得ません。

あるいは、競合物件が家賃を下げれば、周辺の家賃相場も影響を受け、やはり下がってしまいます。すると、返済が収入を上回り、持ち出しが発生する、ということになりかねません。しかし、物件を買ったときと比べて、家賃があまり下がらなければ、あるいは下落幅が小さければ、収入が維持できます。

◉入居者視点での物件選び

では、そんな前項の1～3の条件が揃う物件とはどんなものなのか。

それを考えるには、やはりお客様である入居者の視点に立ってみることです。入居者が賃貸住宅を選ぶとき、優先順位の上位にくる項目は、以下です。

1、場所が便利

2、リーズナブルな家賃

もちろん、設備が整っているとか、新築だとか、占有面積が広いとか、人によって優先順位は多少前後しますが、**ほとんどの人は場所と家賃で決めます。**トレンディドラマに出てくるようなハイグレードで魅力的な物件でも、家賃が月100万円もすれば借り手はあまりいないでしょう。どんなに広くて快適な物件でも、山の中にポツンと建っていたとしたら、やはり借り手は激減するでしょう。そこで、設備のスペックを考えるよりも、前述の2つの項目を高い水準で満たす物件であることが重要です。

1、場所が便利

この概念は広いのですが、**シンプルに言うと、「都市部、駅近く」です。**なぜ都市部かというと、人は仕事のあるところに移動し、勤務先に通いやすいところに居を構えるからです。それは会社や店舗など雇用の機会が多いところですから、都市部になります。

また、その地域の人口動態といった将来も考えておく必要があります。人が減って衰退していく街に賃貸物件を買っても、借りたいと思ってくれる人の数そのものが減ってしまっては、やはり不利になります。また、大学や工場が近くにあっても、学生や工員の数が減るかもしれないし、移転・閉鎖されるかもしれませんから、特定の需要層に依存するのもリスクが高い。ですから、入居者の層に偏りがなく、なおかつ自分が所有している期間、たとえば20年や30年は、活気が保たれるであろう場所を選ぶ必要があります。もちろん、これも簡単なことではありませんが、都市部で評判が固まっている街であれば、そう大きく間違うことはないでしょう。

駅近くというのも、やはり通勤・通学の利便性を重視した視点です。地方は鉄道そのものが少なく車社会なので、この点は当てはまりませんが、都市部の賃貸では重要です。マイホームを購入する人は、駅から多少離れていても環境を重視して選ぶ場合がありますが、わざわざ家賃を払ってまで、毎日15分も20分も歩いて通いたい人は多くないでしょう。実際、賃貸の仲介業者を訪問して家探しをするとき、ほとんどの人は「駅徒歩10分以内」を希望します。

2、リーズナブルな家賃

リーズナブルな家賃とは、オトクな家賃という意味です。具体的には、周辺の相場並みか少し安い値段。物件の価値に比べて家賃が相対的に安い、そんな物件です。どんなに自分が良い物件だと思っていても、周辺にある同じような条件の物件が月8万円の家賃なのに、自分の物件だけが10万円だと、入居者の多くは安いほうへ流れてしまいます。あるいは隣駅などほかのエリアに行ってしまうでしょう。しかし、相場が月8万円のところ、自分の物件が7万円なら、多くの人の目に触れ、入居してくれる可能性が高くなります。同じような物件なら、少しでも安いほうがよいですからね。それは、必ずしも安くしなければならないということではなく、「相対的にリーズナブルかどうか」ということです。

要注意は高級賃貸物件です。私が所有してるある高級物件は、買った当初は月30万円以上の家賃でしたが、リーマンショック後は大きく下げざるを得なくなりました。

そもそも、家賃にそれだけ払える人口そのものが少ないうえに、不景気で給料が減った、会社の家賃補助が減った、などの要因が重なり、払えなくなります。退去が相次ぐと、大家は下げざるを得ません。ひとつの部屋が大きく下げると、周辺の物件の家賃もつられて下落し相場が崩れていきます。

つまり、家賃の高額な物件というのは、景気の影響を受けやすいということです。私の物件も結局5万円も下げて埋まりましたが、この物件だけで、年間60万円もの収入ダウンです。場所が良ければ、家賃を下げれば埋まる、とも言えますが、やはりこれだけの下落は痛いものです。

反面、月8万円程度の家賃を払える人は、特に首都圏であればたくさんいます。ワンルームや1K、1LDKなどですね。単身者の割合が高くなっており、このサイズを求めるマーケットが一番大きいのです。このくらいの物件であれば、5万円も下げずとも入居者は決まるため、景気の影響を受けにくいと言えます。

◉ 利回りと安定性をどこでバランスを取るか

ただし、こうした物件選びは、ひとつ大きな問題があります。

それは、もともとの値段が高いので、利回りもそう高くないという点です。売主の立場になればわかりますが、良い場所の物件を、理由もなく安く売りたい人はいないでしょう。それに、そんな物件はみなが買いたいと思っていますから、あえて安くしなくても買い手は現われます。売るときに高く売れるのはメリットではありますが、自分が買い手に回ると逆に不利になります。利回りが高くないということは、得られる収入も少ないということですから、思ったほどは儲からないわけです。

高い入居率が期待できる超一等地は、利回りが低くてローンを組んだらお金が残らないということになりがちです。かといって、高利回りの期待できる郊外では、空室のリスクにさらされます。そこで、利回りと収支のバランスをどう取るかが、投資家個々人の考え方になります。

わかりやすく言うと、こんなイメージです。

都心のターミナル駅近くは安心だけれども、値段が高く利回りが低い。そこで、ターミナル駅だけれど、徒歩15分の場所を選ぶ。駅前は商業施設やオフィスビルが多く居住物件は少ないから、多少駅から離れても埋まるだろう。

同じく、都心から少し離れた各駅停車駅は利回りが高いけれども、空室リスクが高い。そこで、駅から5分以内で占有面積が広めで、さらに家賃を安くできる物件ならば埋まるだろう。

という感じで、**入居者像をイメージしつつ、収支シミュレーションをして、本当にお金が残るかどうかを計算しておきましょう。**

優秀な不動産業者とつき合う

不動産投資にとっては「誰とつき合うか」が、肝要になります。**優秀な不動産業者を見つけることで、不動産投資による資産形成がスムーズになるからです。**

一般的には、膨大な売り物件情報の中から選ばなくてはなりませんから、物件を見に行く手間がかかります。銀行も自分で回らなければならないかもしれません。しかし、優秀な業者であれば、物件情報も豊富で、良い優良物件をセレクトしてもらえます。金融機関とのパイプが太いため、融資も任せられます。さらには、賃貸経営のさまざまなノウハウを持っているものです。

探し方は次のとおりです。まず、ネットで「不動産投資」と検索すると、数多くの業者が出てきます。その中から、「良さそうだな」と感じた業者をリストアップし、相談申し込みのメールを送ります。この段階では直感です。

次は、直接会って話を聞くことです。業者もいろいろな人がいますから、とにかく直接会って、自分で見極めるしかありません。私の場合は、20社以上訪問して話をしましたが、結局信頼できると判断したのは、3社でした。

この人に任せて大丈夫だろうか？　何を根拠に大丈夫と言っているのだろうか？　こちらのために、一生懸命動いてくれる人だろうか？　ということを確認しましょう。

◉良い業者を見極めるポイント

その際のチェックポイントは3つあります。

まずは、マーケットの状況や将来性について根拠のある意見を持っているかどうか。

「最近の不動産投資の環境はどうですか？　融資情勢はどうですか？　今後どうなりそうですか？」と聞いてみましょう。もちろん業者によって市場認識は異なりますから、人によって話が違うのは当然です。重要なのはその認識の根拠。

「なんとなく」、ではなく、情報をもとに、自分なりの分析を施した意見を言ってくれるかどうか。こういう事実がありこういう動向が見られるから、きっとこうなるだろう、などと妥当性・論理性があるかどうかです。

二つめは、メリットだけではなく、リスクとその対策も説明してくれるかどうか。その物件を買うことで考えられるリスクと、リスクに対処する方法があるかどうかを、きちんと提案してくれるかどうかが重要です。

たとえば、「この物件は利回りは高いですが、駅から離れているため1～2部屋はつねに空室がある状況です。しかし、相場より家賃を下げれば決まるでしょう。一部屋あたり3000円下げても、手取りで月20万円残りますし、4部屋空いてもローン返済には影響しません。今後20年後を見ても、家賃下げ余力、空室耐性は十分あるでしょう」といった感じです。

リスクはあっても、そのヘッジ方法も提案してくれるかどうかです。不動産業者の中には、その物件のいいところしか言わない人もいます。売上を伸ばすには、当然かもしれませんが、そもそも完璧な物件はあり得ません。しかし、リスクにも、コントロールできないものと、多少はコントロールできるものがあります。コントロールできるもののうち、その対策に納得できるかどうか。そういう判断材料を与えてくれる人かどうかという点も重要です。

三つめは、物件をすすめる理由に根拠があること。たまたま「この物件が売りに出たから」ではなく、なぜ自分にその物件がおすすめなのか、という理由です。いくら良い場所の物件でも、頭金が何千万円も必要だったら自分の資金で買えないですし、修繕などで手間がかかるような物件では、自分の投資スタイルに合わない。

私が訪問した業者の中にも、「駅徒歩10分以内」という要望を出しているのに、「利回りが高いからおすすめですよ」と、なぜか徒歩15分の物件を紹介される。もちろん、理由があればよいのですが。

たとえば、商店街を抜けていくので15分という距離を感じさせない物件であるとか。あるいは、渋谷や池袋といったビッグターミナル駅では徒歩10分圏内は商業ビルが多く賃貸物件が少ないため、10分を超えていても入居は決まりやすいとか。

「自分で物件の良し悪しは判断できるから、物件情報さえもらえればいい」、という人なら業者のクオリティはあまり関係ありませんが、なぜおすすめなのか、その理由を聞くようにしましょう。

もし、家族に何かあったらの前に

スムーズな相続のためには、自分の親など家族の財産や借金を正確に把握しておくことが大切です。特に配偶者の急死など事前に準備をしておく余裕がない場合、財産のありかがわからず生活費を引き出せないといった事態が考えられます。そのため生前から配偶者のキャッシュカードとその暗証番号、ネットバンキングのログイン情報や乱数カード、証券口座のオンラインログイン情報、印鑑と印鑑登録カード、貸金庫や自宅金庫のカギ、保険証券、不動産の権利証（もしくは登記識別情報）などを共有しておきたいところです。たとえば1冊のファイルに整理しておくなどしておくと、いざというときに慌てないですみます。

たまに聞く「銀行口座が凍結されて現金が引き出せない」というトラブルですが、銀行口座が凍結されるのは「銀行が本人の死亡を知った時」なので、しばらく銀行に知らせないとか、その前に引き出しておくことです。また、オンラインバンキングであればログイン情報と振込時のパスワード等がわかっていればこういう問題も防げるでしょう。**仮に凍結されても「預貯金仮払い制度」という仕組みがあり、上限はありますが払い戻し請求手続きをすれば現金を引き出すことができます。**難しいのは、昨今は銀行取引や証券等の取引もスマホのアプリに移行しつつあり、スマホはプライベートなものですから夫婦や親子であっても通常はロックを解除できないと思います。つまり資金移動は困難ですので、やはり前述のように各種財産の情報をまとめておくと安心です。

お金とは直接関係ありませんが、故人のSNSアカウントはどうなるでしょう。ログイン情報を知っていれば退会・削除と故人の関係者に知らせることができますが、何もしなければそのままネット上を浮遊することに。そこで、SNSサービス提供事業者に連絡して、定められた手続きで「追悼アカウントとして残す」か「アカウント自体を削除」しましょう。雑談の際に意向を確認できるといいですね。

第5章

情報

優良な情報を得て「壁」を越える

保険の節税機能を活用して年利10％

生命保険・個人年金・介護医療保険に加入することで、所得控除が受けられ、その分だけ税金が安くなるという制度があるのはご存知の人も多いと思います。

節税の仕組みはDCと同様ですが、DCと異なる点もいくつかあります。

たとえば、掛け金全額の控除は認められず、上限が決まっています。また、運用は保険会社任せで、自分で運用方法を選ぶことはできません。**しかしDCを利用したのち、まだ余裕がある人は、ぜひ保険料控除も活用したいものです。これも国が制度として用意した、合法的かつ有利な方法だからです。**

保険料控除は、次の3種類があります。

●一般生命保険料控除……死亡保険、養老保険、収入保障保険、学資保険など
●介護医療保険料控除……医療保険、がん保険、介護保険など
●個人年金保険料控除……個人年金保険など

「一般生命保険料控除」「介護医療保険料控除」「個人年金保険料控除」のそれぞれについて所得税・住民税ごとに、次のとおり所得控除額を計算します（平成24年1月1日以後に締結した保険契約について適用され、平成23年12月以前の契約は旧制度の申告となり、計算が異なります）。

新制度で説明すると、一般生命保険料控除（所得税4万円・住民税2万8000円）＋介護医療保険料控除（所得税4万・住民税2万8000円）＋個人年金保険料控除（所得税4万・住民税2万8000円）で、所得税で最大12万円、住民税で最大7万円（住民税は3種類合わせても上限7万円）の所得控除が受けられます。

年収500万円～600万円で、家庭がある一般的な会社員の場合、所得税率はおよそ10％、住民税は一律10％なので、節税できる（サラリーマンの場合は還付され

所得税の生命保険料控除額
（一般・年金・介護医療それぞれに適用）

年間の払込保険料など	控除額
2万円以下	払込保険料などの全額
2万円超　4万円以下	払込保険料など×1/2+1万円
4万円超　8万円以下	払込保険料など×1/4+2万円
8万円超	一律4万円

※一般・年金・介護医療合わせて12万円が限度
出典：国税庁Webサイト参照

る）金額は、

所得税：12万円×10％
＝1万2000円

住民税：7万円×10％
＝7000円

所得税：1万2000円＋住民税
7000円＝1万9000円

となり、最大で1万9000円の節約を受けられる計算になります（税率は他の収入や家族構成によっても変わりますので、あくまで例）。

◉ 掛け捨てではなく貯蓄型がおすすめ

これらを掛け捨てではなく、満期返戻

金がある貯蓄型のタイプで、返戻率（払い込んだ保険料に対し、満期で戻ってくる金額）が高い保険に加入します。

たとえば私が加入している生命保険は、60歳まで払い込み65歳で受給すれば、返戻率が105％を超えます。個人年金は60歳以降の受給で110％を超えます。

年間8万円以上保険に入っても税制上はメリットがありませんので、年間の保険料支払額が各々8万円を超えるギリギリの金額で加入すれば（月々7000円弱）、少ない出費で最大の控除を受けることができます。

さらに、これらの保険料はクレジットカードで支払うことができ、カードのポイントもつきますから、1％ポイント還元のカードなら利回りはプラス1％アップ。

こうして、最大控除の最小金額で加入すれば、年利10％近い利回り商品となり、これが保険料を払い込んでいる期間ずっと続きます。定期積立などをするよりも断然有利となるのがおわかりいただけると思います。

なお前述したDCそのものにも生命保険機能があり、加入者が障害状態になれば「障害給付金」が、死亡すれば「死亡一時金」が支払われます。

そこで、あくまで私が考える優先順位ですが、まずDCで保険に加入し、家計の余裕があればプラス個人年金、まだ余裕があれば生命保険（子どもがいれば学資保険もOK）、か医療・介護保険、の順です。

医療保険の多くは掛け捨てなので、がん家系などでなければ、前二者だけでもよいと思います。

もちろん、いずれも所得控除が受けられる範囲の最小金額であることが前提です。

ふるさと納税で住民税削減

ふるさと納税とは、ある自治体に寄付することで、本来は地元に納めるべき税金がその自治体へ納税されると共に、そのお礼という名目で、地元の特産品などをもらうことができます。

実質的な負担は２０００円ですから、それ以上の価値がある返礼品であればお得感があるわけです。

ただし、**気を付けなければならないのは、これは節税ではなく、税金を納める場所が変わるだけなのだという点です。**

自分が寄付した金額が翌年の住民税から控除されるため税金が安くなったと勘違いしがちですが、控除された住民税は寄付先の自治体に納められるので、実質的な税負担は変わらないのです。

また、これは自分が納める税額に依存しますから、収入や家族構成によって控除できる上限額が決まってきます。

- **所得税の控除上限：総所得金額等の40％**
- **住民税の控除上限：総所得金額等の30％（一部特例あり）**

低所得者は支払っている税が少ないですから、ふるさと納税が使える金額も小さい。

一方で高所得者は支払っている税が多いですから、ふるさと納税が使える金額も大きいというわけです。

たとえば1口2万円の寄付で牛肉が2キロもらえる寄付先があったとします。低所得者が1口だけの枠しかなかったとしても、高所得者は10口できる枠があったとしたら、牛肉は20キロもらえます。

それでも負担は双方ともに2000円だけ。前者は2000円で2キロの牛肉をもらえ、後者は2000円で20キロの牛肉をもらえる。このように高所得者（高額納税者）ほどトクをする仕組みになっているのです。

いずれにしても、ふるさと納税がいくらまで可能なのか、その金額の確認は非常に重要で、控除可能額を上回る金額を寄付したとしても税金から控除することはできず、ただの寄付となってしまうからです。

また、ふるさと納税を行い所得税・住民税から控除を受けるためには、原則として確定申告を行う必要があります。

ただし、**通常は確定申告の不要な給与所得者等の場合、確定申告を行わなくてもふるさと納税の寄附金控除を受けられる「ふるさと納税ワンストップ特例制度」があります。**

特例の申請にはふるさと納税先の自治体数が年間5団体以内で、ふるさと納税を行う際に各ふるさと納税先の自治体に特例の適用に関する申請書を提出する必要があります。

政府・行政の誘導に乗る

先ほどのｉＤｅＣｏ・ＮＩＳＡ・保険の所得控除、そしてふるさと納税も、「税の仕組み」に深く根ざしたものなので、まずはそれを司る「国家の意思」について考えてみましょう。国は制度の変更によって企業や国民を一定の方向へ誘導しようとするからです。

新たな減税制度や補助金制度が作られるということは、政府が私たちに「こっちへおいで」と言っているのと同じこと。逆にそれらを打ち切るのは、「もう来なくていいよ」という意思表示です。

たとえば、ＮＩＳＡは国民のお金を株式投資に向かわせようという制度ですし、かつてあった家電エコポイントは「家電を買え」、住宅エコポイントは「住宅を買え」という国家の意思表示です。

「そういう国家の意思を察知して、うまく利用しよう」「取られっぱなしにならないよう、気をつけよう」というのが、情報弱者にならないひとつの知恵です。

では、ＤＣにはどんな「国家の意思」が込められているのでしょうか。

「もう公的年金ではあなたたちの面倒を見きれません。だから老後の資金は自己責任でお願いしますね。その代わり、いろいろ優遇しますから」ということです。ストレートに言えば、「老後はもう国をアテにできない」ということ。

ただし、国は国民を突き放す代わりにいろいろな優遇措置を設けました。

ならば、文句を言うのではなく、この優遇措置を１００％活用する方向で考えたほうが建設的というものです。

市区町村の行政サービスをフル活用する

みなさんは、自分が住んでいる市区町村のホームページをじっくり見たことはあるでしょうか。実はものすごいお宝が眠っていることも少なくありません。

それは、自治体が独自に提供している住民サービスです。もちろん、自治体によって内容は違いますが、たとえばこんなものがあります。

- **国の制度とは別の出産手当・子ども手当**
- **私立保育園の費用補助**
- **子どもの医療費の補助**
- **家賃の補助**
- **住宅ローンの金利補助**

- バリアフリー・耐震などのリフォーム費の補助
- エコカー（電気自動車など）の購入補助
- 太陽光パネル設置の補助
- 省エネ設備（エネファームやエコファームなど）の購入補助
- 雨水リサイクル設備の購入補助
- 三人乗り自転車やヘルメットの購入補助
- 格安で会議室やスポーツセンターが使える
- 自治体が提携している保養施設（ホテルや旅館など）を格安で使える
- 高齢者の公共交通機関の値引き
- 車いすの購入補助

これらはごく一部にすぎませんが、住まい、教育、医療、レジャー、介護など、幅広い分野でたくさんの補助金・助成金・割引サービスが提供されています。

以前テレビで知ったのですが、なかには一軒家をタダでくれる自治体や（過疎地域ですが）、子どもに携帯電話をタダで配っている自治体（子どもの安全な登下校のため）もあるそうです。

ほかにも、市区町村によって、結婚祝い金、出産祝い金、入院見舞い金、入学祝い金と称して、さまざまな給付サービスがあります。

私の実家は過疎化が進んでいるという問題もあり、その地域に家を買うとすごい金額のキャッシュバックが受けられます。

これらは知らなければ何もトクしませんが、知れば機械的にメリットを享受できます。「把握」するだけで、何らかの予測作業は必要ありません。そして、こういった特典を受けるために、市区町村のホームページを定期的にチェックし、戦略的に引っ越し、住む場所を選んでいる人もいます。

私たちが支払っている住民税や諸税を使って自治体がわざわざ用意してくれているのですから、あとは目端を利かせて情報収集し、活用するかどうかです。

◉ 制度ができたらすぐに利用を

補助金や助成金は予算ありきですから、予算を消化してしまえば当該年度での受付は終了します。あるいは制度そのものが廃止されます。だから早い者勝ちです。

もちろん、取り立てて必要のないものを買うのはナンセンスですが、国や自治体が発表する制度や方針には敏感になっておくことです。

また、国会決議や中央省庁、県議会や市議会などが発表する「承認された」「予算が決まった」という情報があれば、いずれ制度として申込受付を開始するわけですから、準備をしておくことができます。

たとえば、購入判断のタイミングを測ったり、支給条件に合致するよう自分の属性を整える、などです。

第6章

稼ぐ

副業や起業でお金の「壁」を越える

収入とは他人の役に立った量

私がよく主張しているのことですが、お金をいただけるというのは、顧客の役に立っているということです。たくさんのお金をいただけるのは、喜んでくれた顧客の数が多いか、喜びの度合いが大きいから。

実際に、たとえば漫画家、タレント、作曲家などでも、なぜ年収数億円も稼げる人がいるかというと、彼らが作った作品が多くの人を魅了しているからです。

逆に収入が少ないとしたら、あまり人の役に立っていないからです。喜ぶ顧客の数が少なく、その喜び度合いも小さいということ。

だから私は、収入を上げることは非常に尊い行為だと考えています。

それは自分と自分をとりまく環境に投資をして自らの商品価値を上げていくことで

あり、その商品価値とは、「顧客の問題を解決できる自分になる」ということです。

そもそも、あらゆる商売は顧客の問題解決業です。弁護士も医者も、エステやマッサージも、顧客の問題を解決するからこそお金がいただけます。

家事代行サービスも、「掃除や洗濯をする時間や体力がない」と困っている家庭の問題を解決する仕事だし、犬の散歩代行なども同じ。

そう考えると、定年退職したからといって、いきなり他人の問題解決ができなくなるということにはならないでしょう。なぜなら私たちは、何十年も会社の中で様々な問題を解決してきたはずだからです。

つまり退職後でも、自分の持っている知識と経験を活かし、他人の問題を解決して役に立つことはできる。そう考えれば、生涯現役で仕事はできるんだ、という勇気が湧いてくるのではないでしょうか。

そしてそれこそ、ほかの誰にも奪えない、あなただけの財産です。

起業を経験すれば次の起業も簡単

私はサラリーマン生活を11年、起業家生活を19年送ってきましたが、**楽しさから言うと、やはり起業に軍配が上がると感じています。**

そのため様々な場面で起業の素晴らしさを語っているわけですが、「自分にはムリ」「ハードルが高い」「リスクがある」という反応を受けることが少なくありません。

これも前述のとおり、本当はできる能力を持っていても、経験が少ないから何が起こるかわからない。だから不安でいっぱいになる。その不安から逃れるために「自分にはムリ」とシャットアウトする。すると考えなくていいので心がラクになるというわけです。

しかし、受験の不安は行動（つまり受験勉強）によってしか解消できないように、起業の不安も具体的な行動によってしか解消できません。

であれば、サラリーマンを続けながら、起業を経験してみることです。誤解なきよう申し上げると、起業とは、会社を辞めることでも法人を作ることでもありません。オフィスを借りることでも従業員を雇うことでもありません。

起業とは、「業」を「起こす」、つまり「商品・サービスを作って値段をつけて売る」こと。難しいことや大げさな話ではなく、今の状態のまま事業を始めるだけでも「起業」です。

たとえば、名刺は5000円くらいで作れます。告知用のブログは無料ブログをベースにヘッダーとメニューのデザインだけをプロに頼んで約2万円くらいで作れます。モノを製造しないコンサルティングや先生ビジネスなどのサービス業であれば、約2万5000円で起業ができるということ。

つまり現代は、経済的リスクをほとんど負うことなく事業を立ち上げることが可能なのです。

そして実際に営業活動をやってみれば、何が起こるかがわかる。どこでつまずくかがわかる。それをひとつ乗り越えれば、次にまた同じような状況が来たときでも乗り越えられるという自信になります。

起業のハードルが高いと感じる人は、「失敗したらどうしよう」と考えるから怖くなる。人生を賭けるものだなどと肩に力が入ってしまうから準備や勉強だけで踏み出せない。

しかし、これも実際にやってみて、それで何が起こるかを一度経験してみると、まったく恐れることはないとわかるはずです。

だから最初は「ムリ」だと思っても、「もしできたら素晴らしい」と思えるなら、まずはやってみることです。

私自身、自分の貯金をほとんど使い果たして取り組んだこの経験は、大きな財産であり、ビジネスに対する自信につながりました。たとえば、

- **新規のウェブサイトを7個も作る過程で、アクセス対策や問い合わせ件数を増やす知識が蓄積された。**
- **セミナーも数百回開催したため、集客・告知方法やコピーライティング、価格設定などに対するスキルが磨かれた。**

- 最盛期には30人ほどの従業員を抱えたものの、反乱やら集団退職などにも見舞われ、経営者としてやるべきこと、やってはいけないこともわかった。
- 結局は自分の会社につぎ込んだ数千万円はすべて失ってしまったものの、それと引き換えにたくさんの経験が買えた。
- ビジネスを立ち上げる能力と、自分自身の方向性や志向、得意不得意分野も含めて、40代にしてようやく自分の生き方の軸を獲得できた。

そのため現在の私は、新しい事業を始めることに何らの躊躇も不安もありません。個人事業主として不動産投資コンサルティング、セミナー講師、ビジネス書著者としての活動と、多角化して唯一成功したボイストレーニングスクールの運営をしています。そしてほかにも、たくさんのプロジェクトが同時並行で進んでいます。

こうして好きなことをして生きられる自由、時間や約束に縛られない自由は、何物にも代えがたい幸福だと感じています。

誰でもダイヤの原石を持っている

どんな人でも、30年以上生きていれば必ずビジネスのネタになる素材を持っているものです。

パソコンスキルは普通レベルであったとしても、それをたとえばお年寄りに教えるというのであれば、ニーズがあるかもしれません。**つまり、ちょっと視点を変えて「人が欲しがる商品・サービスに仕立てる」「それを欲しがっている人に提供する」ということです。**

人の得意領域や好きなことが、何の加工もせずそのまま商品として売れることはめったにありません。素の状態で売れる技術というものは、たいてい上には上がいるし、ライバルも多いもの。そこに参入して勝てるのは、それこそ超がつくプロ級の人くらいでしょう。

私の妻がやっていたピアノの世界でも、ショパン国際ピアノコンクールやチャイコフスキー国際コンクールなど、世界的権威のあるコンクールで入賞するくらいの腕前でなければ、「ただピアノが上手に弾ける」というだけで需要などほとんどありません（これすらも登竜門にすぎず、優勝してもその道では食べていけない、という人も少なくないそうです）。

私たちは素人であり三流です。そんな人間が提供する商品でもお金をいただけるようにするには、ちょっと頭をひねる必要があります。

市場やターゲットを狭く絞り込む、見せ方や売り方を工夫するなど、素材を料理する「商品化」という作業をすることです。

この世は「最初に言った者勝ち」、何でもできる

自分がやろうとしていることは、きっとすでに先駆者がいるでしょう。でもビビる必要はありません。この世は言ったもの勝ち、やった者勝ちだからです。

たとえば私が勝手に「日本ビジネスボイストレーニング協会」を作ったって、何の

問題もありません。「全国離婚問題協議会」も、「自然エネルギー発電助成金相談センター」も誰でも作れる。

これも前述のとおり、別に法人である必要などなく、検索して同じ名称の団体が出てこなければ、名乗るのは自由です。

だから私も、友人と共同でやっている賃料減額ビジネスは、「賃料減額相談センター」なる団体を名乗り、それを屋号として使っています。理由はなんとなく公的機関っぽい響きがあり、信用力が増すだろうと思うからです。

お金に余裕があれば一般社団法人などを作ってもよいですが、個人のビジネスは「器」なんてどうでもいいですからね。

テーマを狭く絞り込む

ビジネステーマが決まったときに考えなければならない重要なことは、顧客ターゲットや分野を狭く絞り込むことです。これにはメリットがあり、個人でも参入しやすく、そして競合に対して独自色を出して差別化しやすいからです。

たとえば、自分は英語が得意だから英会話スクールをやろうとしても、大手中小含めて英会話スクールは競合がたくさんあり、大資本が派手に広告宣伝をしています。あるいは、ピアノが得意だからピアノ教室といっても、ヤマハやカワイなどが全国展開しており、地元には古くから個人の教室が散在しています。

こういったマーケットで勝つ（安定的かつ継続的に集客していく）のは容易ではありません。

しかしたとえば、「ビジネスパーソンのための、英字新聞や英語雑誌がスラスラ読めるようになるスクール」とすればどうでしょうか。

大手企業はマーケットの大きいところに参入します。つまり日常英会話・ビジネス英会話・ＴＯＥＩＣといった、誰でもわかりやすい市場は、当然ながら大手企業が参入しています。それに、大手はハイレベルな講師も擁しており、クオリティ面で差をつけることも難しい。

でも、英字紙読解に特化したスクールは多くはないはず。「英語文献の読解」「世界の情報収集」に興味がある人にダイレクトに届く可能性が高いということです。

また、主婦や学生ではなくビジネスパーソンなら、多少は単価が高くても受講料を払う余裕があるはず。それに、英会話が必要なビジネスパーソンは多くなくても、英語文献を読めることは情報収集という点からもニーズを掘り起こせるかもしれない、と考えることができます。

ピアノ教室も、たとえば「英語でレッスン」とか「3歳から5歳までの音感教育専門」などと謳うことで、競合との差別化が可能となります。

個人でやる小規模ビジネスの場合、企業のようにオフィスの賃料を払ったり、従業員に給料を払ったり、人事・総務・経理といったバックオフィス部門の人件費などは発生しません。つまり大量に顧客を獲得しなければやっていけないわけではないので、市場規模が小さくても問題ない。

むしろ、セグメントを狭く絞り込めば、そのマーケットの小ささゆえに、大手企業が参入してくる可能性は低く、競争も激化しにくくなります。さらに、顧客ターゲットをより細かく特定すれば、そこにズバリ当てはまる人に振り向いてもらいやすいと言えます。

◉ニッチな分野ならすぐに第一人者になれる

分野が狭ければ狭いほど、第一人者になれる可能性が高いでしょう。ニッチな分野であるがゆえに、短期間でその道を極めるのが容易というわけですが、その結果「第一人者です」と名乗ることができるようになります。

たとえば英語でも、上には上がいて、毎回TOEICで990点を獲得している人もいるし、帰国子女でパーフェクトな英語力を持っている人だっています。

つまり、ほどほどのレベルの人では、とても太刀打ちできない。「なぜほかではなく、あなたを選ぶの？」「なぜあなたの商品をお金を出して買う必要があるの？」という質問に答えられない。つまり、商売として成り立つ強みが打ち出しにくい。

しかし、前述のような英字紙読解であれば、レベルの差は外からは見えにくいでしょう。

さらに、語学習得に関する全方位（リスニング・スピーキング・リーディング・ライティング）を提供しようとすると、時間も労力も得られる情報も分散してしまいます。

しかし、英字紙読解だけを毎日教えていけば、自然に効果的な教え方を掘り下げていくことになります。生徒からの質問にはどんなものがあるか、どこでつまずくのか、などのフィードバックも得やすい。

そうして急速にレベルが上がり、もともと競合も少ないので、数年で第一人者になれる、ということが容易に起こるわけです。

このように、自分がやろうとしていることで、顧客ターゲット、あるいはテーマをより絞り込むことは、マイクロビジネスに限らず、資本力も宣伝力も乏しい個人事業には重要なことです。

気負わないでゆるくスタートする

いざビジネスをすると言うと、なんだかとても大きなこと、大変なこと、というイメージがあるかもしれませんが、**もっと肩の力を抜いて、最初はジョギング感覚で始めるのがよいと思います。**

「この仕事に賭けるんだ」「何としてでも成功させなきゃ」と考えると、目をひんむいて必死にならなければならず、あまり楽しくなくなります。

だから、趣味の延長からスタートする。「自分はこれをやってみたい」「でもウケるかな？」「ウケなかったらやめちゃえばいい」という感じです。

「えっ、そんなテキトーでいいの？」と思われるかもしれませんが、そんなテキトーでいいのです。

資格講座やエステなどでよくある、最初に費用を前払いでいただく課金方法でなければ、途中でフェードアウトしても誰にも迷惑はかかりません。やめたって誰も気にしませんからね。

最初から黒字にするんだ！　と気張ってしまうと、準備を完璧にしなければとプレッシャーがかかる。リリースするまでに時間がかかる。

そうでなく、まずは手始めにゆるくスタートしてみて、手応えを見る。そして試行錯誤しながら、商品・サービスの完成度を上げていくのです。

コストゼロ・持たないビジネスを意識しよう

個人のビジネスで大事な点は、リスクをできる限り最小限に抑えてスタートすることです。再起不能な大損をこいた、ということになっては、私のような者には家庭崩壊につながりかねないですからね。そこで拙書『やりたくないことはやらずに働き続ける武器の作り方』（徳間書店）でも書いたことですが、重要なポイントを抜粋してご紹介します。

オフィスを借りない

業種業態にもよりますが、最初はできるだけ自宅や安価なシェアオフィスからのスタートがいいと思います。

なぜなら、オフィスは基本的に収益を生まないからです。**売上が見えるまでは、家賃という毎月の固定費がかかるリスクは避けたい。**そこで、打ち合わせはカフェやホテルのラウンジを使う。後述する先生ビジネスでも、今は格安なレンタル会議室が数多くあるので、それを利用すればいいだけ。顧客や取引先の信用が落ちるのでは？と不安になるかもしれませんが、自宅マンションの一室でエステサロンを開業している人も多く、それでも儲かっている人もいるので、気にする必要はないでしょう。

◉人を雇わない

人を雇うと、アルバイトなら時給が、社員なら給与と社会保険料が、そして交通費などが、成果や売上とはなんの関係もなくかかってきます。

当然、マネジメントしなければならないし、勤務場所も確保しなければならないかもしれない。私の知人には「従業員にお金を持ち逃げされた」という人がいて、こんな心配もしたくないですよね。

だから基本は雇わないで自分一人でスタートする。**従業員を雇うのは、こうした負担よりもメリットのほうが大きいと感じるようになってからがよいでしょう。**

◉ 借金をしない

いきなり借金はしないで、全額自己資金でスタートすることです。理由は簡単で、事業がうまくいっているときは問題ないですが、そうでないときは非常に苦しくなるからです。

借金をすると、仮にうまくいかなかったとき、事業をやめてもコツコツと返済していくか自己破産申請などをしなければ、借金はなくなりません。これは自分を縛る足かせになります。でも借金がなければ、やめても単なるゼロですから、またすぐに再起できます。確かに自己資金だけでは、やれることは限られますが、資金繰りを気にせずじっくりと事業に専念できます。

また、同じ理由で、出資なども受け入れないほうがよいでしょう。誰かにお金を出してもらうと、出資者という他人の指図を受けることになるからです。これでは自由と逆行してしまいます。

◉ 在庫を持たない

在庫とは、お金を払って仕入れた商品のことです。だから売れるまでは資金が寝ている状態で、もし売れ残れば不良在庫となり、資金を失うことと同じです。

さらに保管場所を必要としますから、たとえば別に倉庫を借りようとすれば、賃借料もかかります。なくなったり破損・汚損しないよう在庫管理も必要でしょう。これも負担になる。

そこで**最初は、無在庫でできるビジネスをやるか、在庫リスクをなくす方法を考えたほうがよいでしょう。**

たとえば注文を受けてから商品を作る、受注生産方式にするとか、データで管理・販売できる商品にするとか。

◉ 事務用品を最初から揃えない

自宅兼オフィスで、たとえば私がやっているようなコンサルティングやマッチングビジネスであれば、名刺と複合機1台あれば十分。そして、本当に必要になってからひとつずつ買えばいいでしょう。

FAX・スキャナー・プリンターが一体になった複合機は、安いものなら2万円程度で買えます。大量の印刷物があれば、格安印刷業者がたくさんいますしね。電話も固定電話はやめて個人の携帯電話でOK。ネット主体のビジネスなら、やりとりは基本的にメールなので、まったく問題ありません。業種業態にもよりますが、オフィス同様、ツールそのものも収益を生まないのですから。

法人を作らない

起業するとは法人を作ること、と考えている人もいるかもしれませんが、法人設立と事業の成否とは、基本的に何ら関係がありません。法人はただの器です。

それに昔と比べれば、個人とは取引しないという企業は少なく、個人客も気にしない人が多いので、あえて法人を作る必要性はありません。何かをやりたいときに、個人でもできるなら個人でいいし、会社組織のほうが目的達成により合理的ならば法人を作ればいいだけです。

ちなみに株式会社を作るには約25万円くらい、一般社団法人で約18万円くらい（1円起業など資本金をほとんど入れない場合）かかります。

決算申告を税理士に依頼すると約10万円前後、さらに利益がゼロでも法人住民税が年間約7万円ほどかかります。最初はこんな固定費もかからないほうがよいですから、**法人設立にこだわる必要はありません。**

気になる人は、ただ名乗ればいいだけの「屋号」で十分です。たとえば「スバル」ブランドで自動車を作っている会社は富士重工業、「ユニクロ」を展開するのはファーストリテイリングというように、屋号やブランド名で通用させることはそう難しくありません。

モノを売るならマーケットプレイスを活用する

ビジネステーマを決めたときにアクセサリーや編み物、ステンドグラスといったグッズを自分で作るという人は、ズバリそれを商品として売ればよいでしょう。

自分でわざわざホームページやネットショップを開設しなくても、ｍｉｎｎｅ（ミンネ）、ｉｉｃｈｉ（いいち）、Ｃｒｅｅｍａ（クリーマ）といったハンドメイド商品のマーケットプレイスを活用すれば、ほぼタダで（売れた場合に手数料がかかる）全国に向けて売ることができます。

Ｅｔｓｙ（エッツィー）なら全世界が市場になります。こちらは英語ですが、翻訳サイトを使ったり、ほかの似たような商品の説明文章をコピペして加工すれば、そう難しい話ではありません。

しかし私を含めて、そのような「モノ」としての商品を作る技術は持っていない人のほうが多いでしょう。そこでスタートアップでは「サービス」が適しています。なぜなら、基本は自分の労働力であり、原価はゼロだからです。

先ほども述べましたが、モノがなければ、在庫も発生しませんし、発送という手間もかかりません。

気軽に始めやすく、ダメになったときに撤退も簡単だからです。そんな「サービス」として有望な形態のひとつが、「先生ビジネス」です。

先生ビジネスは個人ビジネスの理想モデル

先生ビジネスとは、たとえばコンサルタント、コーチ、著述家など、要するに「情報やノウハウを提供し、相手の問題解決を支援する」仕事です。

教え方も、マンツーマンレッスン、個別カウンセリング、個別コンサルティング、集団レッスン、企業研修、講演やセミナー、シンポジウム、電子書籍やパンフレットの販売など、多種多様な動き方ができます。場所も、自宅のリビング、カフェやホテルのラウンジ、貸会議室など、自分の都合に合わせて、あるいは内容や顧客のニーズに合わせて柔軟に選べます。

先生ビジネスのメリットは「初期投資・ランニングコスト・仕入原価が発生しない」ということと、「下請けになりにくい」ということです。教室を構えるということになれば家賃などのコストがかかりますが、前述のとおり自宅でやるとか相手方に赴くならタダ。自分が動けばいいだけなので、依頼を受け付けるホームページと名刺以外には、基本的にお金はかかりません。経済的リスクをほとんど負わずに始められるというのは、大きな魅力でしょう。

下請けになりにくいというのも魅力です。下請けモデルの仕事は発注主の意向に左右され、買い叩かれやすくなります。場合によっては出入り業者扱い、便利屋扱いされることもあるかもしれません。

しかし先生ビジネスなら、最初から先生ですから、まったく立場が違います。顧客は「教えてください」という姿勢でやってきますし、尊敬を集めますから、ぞんざいな対応をされるリスクも低い。つまり、対人関係のストレスをできる限り低くできるということです。

もちろん先生をやることは100％自分の労働力に依存してしまうため、自分が倒れたら終わりという側面を持ってはいます。

これを防ぐには、やはり他人の力を借りなければなりませんが、現代は様々な業務支援サービスがありますから、直接雇用でなくてもマンパワーを拡大することは可能です。今はＳＮＳで呼びかけるだけでチームを作れる時代なのですから。

◉ 先生ビジネスは集客もしやすい

先生ビジネスの中でも、コンサルティングや顧問という形態では、集客はちょっと難しくなります。依頼してみなければ実際のところはよくわからないため、顧客側も、継続的にお金を払う契約には不安がある。しかし、レッスンやセミナーなどの分野での先生ビジネスは、価格を手ごろにすれば受講生も気軽に参加できるため、集客のハードルが下がる。集客できれば、試行錯誤ができ、成功体験を早期に蓄積することができます。

たとえば、集客方法のひとつとして「無料体験レッスン」という手法があります。受講者はリスクゼロなので、申し込むハードルが下がり、コンスタントに集客ができます。そして本コースの受講につなげていくわけです。これは企業研修でも同じです。

また、集客・運営も比較的ラクです。

確かに大勢の前で話すのは、やはりそれなりに経験が必要でしょう。また、貸会議室など場所も確保しなければならないし、ガラガラだとまずいので、集客もそれなりに大変です。しかし、自宅でやるならば、一度の人数が少なくてすむので、集客運営の難易度も下がります。

たとえば自宅でパン作り教室やフラワーアレンジメント教室などをやる場合。リビングの広さにもよりますが、一度で入る人数は5～6人程度ではないでしょうか。

これならなんとか集められるという人も多いでしょうし、距離感が近いため、話す技術が高くなくても、和気あいあいとした運営が可能です。

◉何の先生になれるのか？

「自分は、そんな他人にお金をもらえるようなものは持っていない」と感じたアナタ！　それはターゲットを自分と同等か、それ以上のレベルの人をイメージしているからです。先生ビジネスとは「問題解決業」です。

自分が先生になれる場所とは、それで困っている人を見つけること。それは、自分より半歩後ろにいる人たちです。

たとえば、自分が偏差値50の学校しか出ていなければ、一般的な家庭教師の仕事はなかなか得られないかもしれません。しかし、偏差値30の生徒を相手にした家庭教師ならどうでしょう。

ピカピカの一流校出身の優秀な先生よりも、「学力の低い生徒が、どこでつまずくのかがわかる」先生のほうがニーズはあると思いませんか？　プログラミングの技術が普通でも、何から手をつけていいかわからない初心者をターゲットにする、料理の腕前が普通でも、包丁も使えないとかダシの取り方もわからない超初心者向け、あるいは小学生をターゲットにするなど、やり方はいくらでもあるはずです。

ターゲットは自分のすぐ後ろを歩いている人

私自身のビジネスの顧客ターゲットも同じ。

たとえば私がマネーに関する情報を発信している相手とは、投資や運用の初心者であり、その道のプロではありません。だから私のところに、知識も経験も豊富な投資家や、一流のファンドマネージャーが来ることはありません。

つまり、自分が持っている知識や経験に関して、まだ自分の域に達していない人向けに提供すればよいということ。それならば、あなたが持っているスキルやノウハウを欲してくれる人を見つけやすいでしょう。それに、かつては自分も辿ってきた道ですから、顧客がどこで困っているか、どんなサービスを望んでいるかもイメージしやすいはずです。

もし「ピンと来ない」という場合、**たとえば「ココナラ」や「ストアカ」などマッチングサイトを見てみるとよいでしょう。本当に多種多様なレッスンやレクチャーがあり、「こんなこともレッスンになるのか」と拍子抜けすると思います。**

そこから、「なんだ、これなら自分にもできるよ」と思えるものや「あ、自分もこれやってみたい！」というものがいくつか思いつくかもしれません。

◉ 教えないなら、教えてもらいたいことをテーマにする

「今は特に教えたいものはないよ」という場合は、自分が知りたいこと、欲しいサービスを商品化するという方法があります。

この場合、講師は別の人、たとえばその道の専門家にお願いします。自分が投資に興味があれば投資家に、マーケティングに興味があればマーケッターに、ウェブ制作に興味があればそれを仕事にしている人に、講師をお願いするのです。

もちろん講師料を払う必要がありますが、人を集めて受講料をいただけば、儲かる

うえに、自分が知りたい情報を得ることができます。たとえ、思ったほど人が集まらなくても、自分が本当に知りたいことですから、仮に収支トントンでも「プロの話をタダで聞けた」とお得に感じます。

それに、セミナーや勉強会を何度かやって自分も受講すると、講師が持っている情報を消化し自分のものにでき、いずれは自分で教えられるようになるものです。また、この方法は集客上のメリットもあります。その講師が持つ知名度やネットワークによって、自分の力だけで集客するよりも、受講者を集めやすくなるからです。

「そんなに簡単に引き受けてくれるの？」と思うかもしれませんが、講師探しは簡単です。ＳＮＳで検索したり、気に入った本の著者のウェブサイトを調べたりしてコンタクトを取るだけ。講師料は一般的に講師の知名度に比例しますが、最初に予算感を聞いて、手が届かない金額であれば、あきらめて別の人（もうちょっと知名度の低い人）に依頼すればいいでしょう。

「（設定受講料金×予想集客人数）－場所代」が利益になるので、その利益の中から講師料を捻出できるかどうか。あるいはちょっと持ち出し（赤字）が発生しても、試しにやってみるのも手です。

事業計画書よりもウェブ設計図を作ろう

個人の小さな事業であっても私がホームページの制作が重要だと考える理由のひとつは、**ホームページの文章や構成を考えることが、イコール事業プランになるからです。**

ホームページに掲載するコンテンツは、すべて自分たちで考えます（業者に丸投げすると料金が高くなるだけではなく、まったく予想外のものができあがります）。自分で考えるからこそ、提供する商品・サービスはいったいどういう特徴があるのか、自分たちは何者なのか、料金の支払い方法はどうするのか、問い合わせフォームに書いてもらいたい項目の設定はどうするかなどなど、事業を進めていくのに必要なことのほとんどすべてを考えることになります。

たとえば「よくあるQ&A」というページを作るということは、顧客はいったい「何で迷うのか?」「何を不安に思うか?」「何を聞きたいと思うか?」ということを、顧客の目線で想像する行為です。この検討を通して、「返金制度を設けよう」とか、「電話番号を明記しよう」とか、「クレジットカード決済を導入しよう」といったサービスの深化につながるのです。

反対に、事業計画書は不要だと考えています。

大勢の人を動かす事業や、お金を借りる必要がある場合はともかく、個人ビジネスには無意味です。なぜなら、事業はやってみなければわからないし、売上だってどうなるかわからない。商品も価格も売り方も、必ず軌道修正を迫られるからです。

そもそもパワーポイントできれいな企画書を作ったとして、いったい誰が喜ぶのでしょう? 相手が家族なら話して伝えればいい。わかりにくければ、コピー用紙のウラにペンで書きながら説明すればいいだけ。事業計画書作りは時間の無駄でしかない、というのが私の考えです。

準備6割でローンチすべき理由

事業計画書を作るヒマがあれば、1分でも早く商品・サービスをリリースすることです。なぜなら、早期に次の課題が見つかるからです。それで顧客の反応があったり、まったくなかったりして、次はどうすべきかがわかる。そうやって走りながら軌道修正していくのです。

その商品・サービスも、6割から7割程度の完成度でいったん発売してみる。もちろん最初は売れないかもしれません。

では、なぜ買ってくれないのか、友人知人に聞いてみるとか、売れている企業の商品・サービスと比べてみる。広告宣伝手法を変えたほうがいいかもしれない、などと改善点が見えてきます。

最初から完璧を目指し、準備万端になってからスタートするより、そうやって試行錯誤することで、完成度が高まっていくし、経験値も上がっていくのです。

私も昔は頭でっかちでした。最初に大失敗したのは、不動産投資家向けの物件情報検索サイトです。最初に資金をがっつりかけてシステムを作ったせいで、「ここを変更しないといけない」となったとき、修正の費用が足りなかったのです。

また、不動産会社を立ち上げたときのことです。最初はリノベーションビジネスを考えたものの売れず。そこで、当分の運営資金を賄うために、不動産仲介をしようと考えました。しかし、これも顧客を集められないので税理士事務所などお金持ちの顧客を持っているところにアプローチしましたが、結果、やはり売れませんでした。仕方なく、自社でセミナーを開催したところ大当たり。それ以降はセミナー営業に切り替え、リノベーション事業にはまったく手をつけることなく今に至っています。

私の経験が例外というわけではなく、商品やサービスは、変わっていくもの。事業形態や関わり方も、どんどん変わっていくものです。

だから、商品が完璧にできてから売り出そうとか、準備を万全にしようとか、最初から高価な道具を揃えたり、多額の資金を投入したりしない、テキトーさも必要です。

自分のプロフィールを作ってみよう

スーパーの野菜売り場に行くと、生産者の名前と顔写真が入ったＰＯＰをよく見かけます。

モノですら供給者の情報が開示され、それが販売を左右するようになっている昨今、サービス業の場合は特に、それを提供する人の魅力を訴求することが重要になります。

それはズバ抜けた実績や、ピカピカの経歴が必要ということではなく、自分はどんな人間で、どんな想いやビジョンでやっているかを語ることです。人が「あなたから買いたい」と感じるのは、商品やサービスの魅力だけではなく、あなたという人間に「共感」してくれているからこそ。

たとえば「儲かりそうだから医師になった」という医者より、「子どもの頃に医者にぞんざいな扱いを受け、自分はもっと患者に寄り添える医師を目指した」という医者のほうに多くの人が共感するでしょう。同じ価格、同じような効用の商品・サービスなら、人物そのものに魅力があるほうを選ぶはず。

だから、自分がなぜその商売をしようとしたのかという根本的な動機、どんな心がけで提供しているのか、顧客にどうなってもらいたいと思っているのかなど、自分がそれをやるべき理由と信念を述べることです。私たちがやっているボイストレーニングスクールでも、ビジネスシーンに特化してはいますが、「声が変わると人生も変わる」という信念がベースになっています。

もちろん、経験や実績は必要です。何の実績もなければ、やはり「あなたから買いたい」とは思ってもらいにくいでしょう。**でもそれは、ちょっと「盛って」あげるだけで、格好はつくものです。**私たちの場合では、「2万人の声を変えた」という実績を謳っています。これは本当のことですが、カラクリがあって、たとえば数百人規模の大ホールで講演したときの参加者の数も含まれています。でもウソじゃない。

◉プロフィールは必要なことだけを言えばいい

突然ですが、本書の巻末にある私のプロフィールを見ていただくと、なんだかすごそうな人だなあという印象を受けるかもしれません。が、これもカラクリがあります。私は大卒時に就職が決まらず、半年ほどフリーターをしていました。が、ここにはそのようなことは書かれていません。最初に勤めた会計事務所では、ミスを繰り返してうつ寸前になりクビ同然で辞めました。でもそれも書いていない。

実用書を買おうという人は、著者のプロフィールに納得しないと買わないでしょう。特にビジネス書の場合、ダメ人間より、「ほう……」と思ってもらったほうがいい。だから都合の悪い情報は「言わない」わけです。

逆に、そういうダメな過去が有利に働く場面もあり、そのときはきちんと書く。たとえば学歴が高卒でも、「学歴が意味をなさない時代の到来を予見し、あえて大学進学をやめて就職した」と表現するだけで、「なんかスゴそうな人」という印象を与えられるように。

そう、自分のカッコ悪い過去、ダメダメな経歴、つらく無用な経験は、表現を工夫し、上手に使い分ければ、強力な武器になるということです。

それらをウェブサイトやパンフレットに書く。自己紹介のときに簡潔に話せるように練習しておく。すると、あなたの思いに共感した人や人柄に魅力を感じた人があなたのお客様になってくれるのです。

「集客」にこそお金を使おう

先ほど、極力、お金をかけないと言いましたが、最もお金をかける必要があるのが「集客」です。**これは私が繰り返し主張していることですが、どんなビジネスでも、「集客」が命だからです。**

なぜ近所のラーメン店は潰れたのか？　なぜあのイベントは開催中止となったのか？　なぜ売上が上がらないのか？

どれも答えはひとつ、人が来ないからです。人が集まらなければ、そもそも何も始まりません。

でも人が来てくれれば、いろんな展開が可能となる。同じ顧客に「この商品は買ってもらえなかったけど、こっちをおすすめしてみよう」ということもできる。今は買ってくれなくても、あとで買ってもらえるということもある。

だから、予算もエネルギーも、集客のためにとっておく。そして集客に投入することが重要です。

たとえばマンション住まいの人なら自分のマンションのポストにチラシを配ることはできるでしょう。週末を使い、近隣マンションにもチラシを作ってポスティングしてみるとか。300枚くらい配れば、1~2人は反応があるかもしれませんし、紹介割引券、回数券、入会特典、継続特典などをつけてもよい。

チラシが作れない？　それこそ本業で培ったパソコンスキルが活きるはず。できなければ、プロに頼んでもいい。200枚片面カラーなら、1万円~2万円程度です。

それから、無料で掲載できるイベント告知サイトやニュースリリースサイトがありますから、それに書き込むこともできる。あるいは自分の教室に興味を持ってくれそうな人が集まる会（交流会や勉強会、セミナーや講演）に参加して自己紹介したり、人的ネットワークを持っている人に協力を仰ぐとか。

比較的安価なタウン情報誌、市・区・町・村の新聞の折込チラシに広告を出してみたり、という方法もあります。

ポイントは、「負担の少ない範囲で、できる手はすべて打つ」という発想で取り組むことです。理由は、一回で大勢集められる方法はコストがかかりすぎるからです。

たとえば新聞広告を出せば人は集まるかもしれません。しかし、次の日には古くなりますから、一日勝負の大博打です。それでもし集まらなかったら……？　予算がある人はよいですが、そこで何十万円、何百万円も使ってしまったら、あとが続きません。かといって予算をかけなければ、どうしても効果が薄い方法になりがちです。

そこで、一回で50人集まる方法を探すよりも、一回で5人集められる方法を10発打つ。それが、特に予算に乏しい個人が目指す発想ではないでしょうか。そして、その繰り返しが、顧客を獲得する第一歩であり、集客のノウハウを蓄積する礎となるのです。

◉ イベントをやるメリット

集客のメインはウェブ経由です。ホームページ、ブログ、Instagram、Facebook、YouTube、LINE、TikTokなど、あらゆるSNSメディアを駆使して情報発信します。とはいえ、ウェブサイトを公開するだけで自動的に顧客が集まるわけではありません。こちらから働きかけることが必要です。

私自身が特に有効だと感じているのは、イベントを開催することと、メールマガジンを発行することです。

イベントとは、たとえばセミナーや勉強会、オフ会などのことですが、こうしたイベントは波及効果があるからです。

「Ｐｅａｔｉｘ」や「こくちーず」などで、イベントを告知し、希望者を受け付けることができる無料のウェブサービスに片っ端から登録します。

これによってネット検索にかかりやすくなり、人の目に触れる機会が増えます。

column

やっぱり、まずは「メルマガ」を始めよう

重要な営業ツールは、メルマガことメールマガジンです。ブログは誰でも見ることができるものの、こちらから見に行かなければ、その情報にアクセスすることができません。しかし**メルマガは、その人や企業、商品やサービスに興味がある人が「自ら」登録するものだから、そもそも無関心な人は登録しません。**そして、メールが勝手に届けられる。だから読んでくれる（知ってもらえる）可能性が高まるというわけです。ちなみにメルマガは「まぐまぐ」などの発行スタンドを使えば無料でできますし、まぐまぐの登録者向けに広告を出すこともできます（有料）。ただし、まぐまぐでは登録者のメールアドレスを取得することはできません。**私は顧客のメールアドレスは財産だと思っているので、発行プログラムを購入し自分のサーバーにインストールして自ら管理しています。**

問題は「どうやってメルマガの購読者数を増やすか」です。具体的なメリットを提示しなければ、家族や友人以外に登録してくれる人はいないでしょう。多くの企業では「無料お試しセット」などで顧客リストを集めていますが、資金力のない個人にはなかなか難しい。**簡単なのは、メルマガ登録と引き換えに、その商品・サービスに関連する動画やPDFがダウンロードできますよ、という方法です。**ただこれも、まぐまぐなどではできないので、やはり、自ら管理できるメルマガ発行スタンドを利用したほうがよいでしょう（私がかつて利用していたのはコンビーズメール）。

どういった動画やPDFにするか。**あくまでも購読者が「メールアドレスを登録してでも欲しい情報」を提供する必要があります。それらのさわりをプレゼントするのです。**もちろん、何割かはすぐに購読解除をされるでしょう。でも、何割かは残ってくれるはず。あとは解約率を下げる。売り込みたいのをグッとがまんして、読者との信頼関係を構築していく。売り込むのはそのあとです。メルマガ以外にも、最近ではLINEによる販促もポピュラーになっています。ただし、LINEの主なユーザーは若年層や女性になります。

第7章

守る❶

税金とのつき合い方を変えて「壁」を越える

会計を学ぶ前に税金を学ぼう

会計に関する書籍や教材は世の中に数多く存在し、ビジネスパーソンからの人気も高い分野です。時に、会計を知らなければビジネスマン失格のような空気さえあります。

しかし私は、財務諸表を見て意思決定するような仕事をする立場でなければ、会計はわからなくてもいいし、学習の優先度も高くないと考えています。

それよりも、もっと優先的に学ぶべきは、税金に関する知識です。

会計を学んでも、直接的に稼いだりお金を増やしたりはできませんが、税金を学ぶと、手元に残るお金の額がまったく異なるからです。

運用の技術を学んでも、時には損することもありますし、ビジネススキルを学んでも、それが収入として結実するには、ある程度の時間がかかります。

しかし、税金について学ぶことで、運や才能に左右されずに合法的にお金を残すことができますし、ほぼ確実に1年以内に成果を出すことができます。

節税を会社に任せてはいけない

会社に勤めていれば、税金のことを気にする機会はほとんどありません。

だからといって、会社に任せておけば大丈夫、というのは誤解です。

なぜなら、会社がやってくれるのは、源泉徴収や社会保険料控除、年末調整、個人年金・生命保険・損害保険控除などの、基本的なことだけだからです。

でも、知らないばかりに、本来は払わなくても済む税金を払っていることもよくあります。

たとえば、両親や祖父母が70歳以上の場合、自分の扶養に入れることで、別居なら48万円、同居なら58万円の所得控除が適用されます。

また、医療費控除が受けられるのはよく知られていますが、実はスポーツクラブの会費も、医療費として控除できるのをご存知でしょうか。

厚生労働省が認定するスポーツ施設で、治療行為の一環という医者の証明書があれば、医療費控除が可能なのです。

全国で300施設以上もあり、厚生労働省のホームページに記載されています。「温泉に行っても節税できるんです」と言われて信じられるでしょうか。スポーツ施設と同様に、認定機関施設だって、一定の条件はありますが、医療費として控除の対象になり、節税（会社員であれば還付）することができるのです。

といった情報は、会社も誰も教えてくれませんよね。

だから、自分で知識武装し、自分で申告するしかないのです。

サラリーマンは副業して事業家になろう

課税の面では、サラリーマンは圧倒的に不利な雇用形態です。

なぜなら、会社が国の代わりに源泉徴収し、年末調整するので、自分では税金のコントロールができないからです。

一方、自営業者や法人のオーナーは、課税の仕組みをうまく活用できますから、その恩恵を存分に受けられます。

そこで、税システムという利権を活用するには、サラリーマンであっても副業をすることで個人事業主になる、あるいは自分の法人を作ることです。

サラリーマンをしながら、副業をしている場合、開業届を税務署に提出します。**個人の場合は確定申告が必要ですが、申告方法は青色申告と白色申告という二種類から**

選べます。青色申告の場合は青色申告承認申請書を税務署に提出する必要がありま す。

白色と青色の違いを簡単に言うと、青色申告はより節税メリットが大きいですが、きちんと帳簿をつける必要があり手間がかかります。

白色は帳簿作成の手間は青色より簡易ですが、節税メリットも青色ほど大きくない、というところが特徴です。

副業の規模が小さいうちは「雑所得」としての扱いですが、ある程度規模が大きくなれば、収入を「事業所得」として計上し申告することができます。

事業所得になれば、赤字が発生したときは他の所得と損益通算、つまり合算で申告できます。

ですので、もし事業所得が赤字になれば、会社から受け取っている給与所得と合算することで全体の所得額が低くなりますから、税金が安くなる（サラリーマンの場合は税金の還付を受けられる）わけです。

◉ 法人を作って納税額を減らす

次に自分の法人を作る方法ですが、法人があれば税コストは大きく削減できます。

たとえば、個人の場合、所得税は累進課税されるので、所得が多ければ多いほど税率が高くなってしまいます。

所得税の最高税率は45％で、ここに住民税10％、社会保険料9％を加えると、実に給与の半分以上が持っていかれてしまうのです。

しかし、法人であれば税率はほぼ固定で（資本金等によって異なる）、法人所得税・事業税・住民税などを合わせた実効税率はおおよそ34％前後ですから、売上規模が多いほど恩恵も大きくなります。

また、所得分散も可能で、それまで個人で受けていた売上を法人とシェアすることによって（シェアが妥当だとする根拠は必要）、個人の所得税率を下げることも可能です。

あるいは家族なども役員もしくは従業員として給与を支払うことで（勤務実態は必

要）、さらに所得分散効果が大きくなります（青色申告にも家族への給与として青色専従者控除がありますが、条件が法人より厳しいです）。

このように一人に所得を集中させるより、複数人に分散させることで、家計全体の税額を少なくすることができます。法人はこういう使い方もあるのです。

会社を作る方法は書店に行けばマニュアル本が売っていますので、それらを見ながらやれば自分でできますし、司法書士に依頼して外注することもできます。

会社の設立は1円でもできると言われますが、実際には登録免許税や印紙代などがかかるため、自分でやっても専門家に依頼しても、株式会社で25～30万円くらいかかります。

最も安価なのは合同会社で、設立にかかる費用が7万円程度と安価なうえ、株式会社などのような重任登記（役員を継続するための登記）が不要ですから、運用コストも低く抑えられます。

副業禁止の会社に勤めている場合

昨今は副業解禁の流れが加速していますが、それでもまだ副業が禁止されている会社はあります。そういう会社に勤めていて、**こっそり副業をやって会社にバレるのは、たいてい住民税からです。**

確定申告は会社にナイショでできますし、税金の還付を受けても会社にはバレることはありません。しかし住民税の通知は会社に来ますから、申告によって所得が変われば翌年度の税額も変わり、会社が把握している所得と、都市区町村から届いた所得の数字が異なります。

これでバレるわけです。

そこで、会社の給与から天引きされる特別徴収ではなく、自分で住民税を納める普通徴収を選択することで、会社にチェックされずに済みます。しかしこれも、「なぜか」と会社に聞かれることになり、何らかの言い訳が必要です。

そんな時は、保険適用外の医療費がかかったとか、寄付をしたとか、いろいろ逃げ口上はありますが、**もっとも無難な方法は不動産投資です。**

たとえば、親が賃貸用不動産を所有していて、高齢で管理できなくなったため自分が譲り受けて引き継いだと言えば、誰も責めることはできないでしょう。

つまり、会社の副業禁止規定に抵触しない方法のひとつが、不動産投資なのです。

もうひとつの方法は、法人を設立し、法人名義でやることです。

これなら売上も経費もすべて法人の口座でやりとりしますから、個人には影響を及ぼしません。また、法人の代表者が自分であっても、公表する義務はありませんから言わなければ誰にもわかりません。

ただし、前述の通り法人の設立には費用がかかりますし、利益がゼロでも法人住民税が年7万円ほどかかります。決算申告を税理士に依頼すれば、その費用もかかりますから、経費倒れにならないよう、注意が必要です。

業務委託契約にしてもらう

これは会社に認めてもらう必要がありますが、雇用契約ではなく、会社と自分との業務委託契約に切り替えてもらう、という方法があります。

保険会社のフルコミッション営業や、金融機関のファンドマネージャーなどでもお馴染の形態ですね。

こうすると、天引きという概念がなくなり、報酬の全額が自分の収入になります。あとはその中で、社会保険に自分で加入したり、いろいろ経費を調整したりすることができます。

そして、これは会社にとっても、ダブルでメリットがあります。まず社会保険の負担がなくなります。そして、人件費の消費税は非課税ですが、業務委託報酬にすれば課税取引になるので、会社側の消費税負担が軽減されます。

大企業などではこういう個別的な対応は難しいかもしれませんが、中小企業ならば、対応してくれるかもしれません。

第8章

守る②

騙されないでお金の「壁」を越える

投資商品と詐欺

今まで、いろいろな投資詐欺がニュースをにぎわせました。そして相変わらず今も続いています。なぜ人は騙されるのでしょうか。どうすれば詐欺と投資の区別がつくのでしょうか。

そこで見分け方の一例をご紹介します。

まず1点目。なぜわざわざ赤の他人である自分に、おいしい儲け話をする必要があるのかを考えてみることです。確実に儲かるなら、自分一人でやるはずです。あるいは他人よりもまずは身内に教えるはずです。

「あなたは信用できる人だから」と言われても、自分より信用できる人なんてほかにゴマンといます。もっとお金を出せる人もいる。そういう人のところへ行くべきで、それが本来の営業活動でしょう。

2点目。そんなに魅力的な商品でそれが本当なら、なぜわざわざ営業したりセールスの電話をかけるのでしょうか。本当に儲かるなら営業しなくても顧客が殺到するはずです。

「秘密なので」と言うかもしれませんが、人の口に戸は立てられないですから、どこかで漏れるものです。「怪しい」からこそ、大勢に伝わらないのです。

私は不動産の仕事をしていて感じるのですが、本当に優良物件なら、既存顧客にメールを送るだけで売れてしまいます。

わざわざインターネットに物件を掲載したり、電話をかけたりDMを送ったりというセールス活動は一切不要です。結局は魅力のない物件ゆえに「営業しなければ売れない商品」であることが多いわけです。

また、他人に紹介すれば手数料がもらえるという投資商品にも要注意です。これもやはり紹介料を払わないと勧誘できない商材ということですし、その原資は投資商品から得られる利益ですから、そもそも割高の可能性があります。

3点目。そんなに儲かるのなら、銀行からお金を借りて、あるいは消費者金融でキャッシングしてでも、自分でやったほうがよいはずです。今は低金利ですし。

確かに資金総額は大きいほうが、得られる利益も大きい。ならば、もしやるなら「利益の〇〇%をください」という成功報酬型にするでしょう。

たとえば不動産開発などでは、規模が大きく自分のお金だけでは足りないし、取り分も大きくなるため、お金を集めることもあるかもしれません。

しかしそんな特殊な商品でないならば、なぜわざわざ他人様に高配当を分配し、情報開示や説明義務を負い、配当の振り込み手続きをする、なんていう手間をかける必要があるのでしょうか。配当がもったいないしその作業も面倒くさい。本当に儲かるなら関わる人は少ないほうがいいはずです。

そういえばかつて近未来通信という会社があり、利回り40%などという高利回りを謳っていたそうです。そのとき知人から、それに投資しても大丈夫かと相談があり、私はこう答えました。

「詳しいことはよくわかりませんが、もし私がその会社の社長なら、銀行からお金を借りて自分で投資すると思いますよ。銀行借入のほうが金利が低いし、そのほうが儲かりますからね。あえて資金を集めて顧客管理もして、さらに40%もの配当を出すなんてバカバカしいじゃないですか」

その後、その人が投資したかどうかはわかりませんが、ほどなく近未来通信は破綻しました。

また、大手証券会社から利回り17%の外債投資の営業を受けている、という相談があったとき、次のように答えました。

「大手証券会社なら金利1%以下で借入ができるでしょう。なら差し引き、17%−1%＝16%も利回りが取れるので、銀行から1億を借りて投資すれば、年間1600万円の利益。10年運用して1億6000万。

そうなってから元本を返しても、元本以上の利益が手元に残ります。わざわざ投資家を募らなくても、それだけで会社を運営できるじゃないですか。

でも、私がその証券会社の社長ならやりません。なぜなら、利回り17%がずっと続くわけではないと思うからです。今は確かに17%かもしれませんが、利下げがあるかもしれません。為替変動リスクを考えると、むしろ17%じゃ低いと思いますよ。それなら販売に徹し、手数料をいただいておしまい、というビジネスモデルのほうが安心だと考えます」

その後、その人が投資したかどうかはわかりません。

そういえば数年前、年利10％以上を誇っていたトルコリラ債が人気で、金融機関もこぞって売り込んでいましたが、その後トルコリラは大暴落し、当時の5分の1以下となりました。１００万円が7～8年ほどで20万円になったわけで、いくら年利10％でもまったく取り戻せないでしょう。

ここで考えなければならないのは、儲け話にお金を出す前に、「この人は、なぜ自分にこんなセールスをするのだろう？」「自分がその会社の社長なら、どうやるのが最も儲かるだろうか」を想像してみることです。

高額商品は相見積もりが基本

たとえば、**高齢者がリフォーム業者による訪問販売で、家のリフォームを不当に高い金額で契約したり、「方角が悪い」などと壺や絵画を買わされるということがあります。**

唯一無二の価値があるものならともかく、高額な商品・サービスは、複数の業者から同じ条件で見積もりを取る「相見積もり」で比較し、必要に応じて価格交渉をするのが基本です。

新車を買うときも複数のディーラーで同じようなオプションをつけて見積もりを取り、競わせたりして値引き交渉をするでしょう。他社の見積書があれば、それを材料に交渉できます。相場感覚もわかりますから、不当に高い値段で買ったり契約することを防げます。

車を売るときも「一括見積もり」サイトを使って複数の買い取り業者に来てもらい、最も高い金額を提示した業者に売ると思います。引っ越しなども同じですよね。

そのためにも、**情報が少ない段階で「即決しない」こと。「検討してあとで返事する」と冷静な状態に自分を持っていくことです。**

特にセールスを受けている場面ではじっくり検討する精神的な余裕がありませんから、セールスパーソンはそこを突いて即決を迫ってきます。

なので「今決めてくれたらコレをサービスします」「今契約してくれたらこれだけ値引きします」というトークが飛び交いますが、安易に乗るのは危険です。

もちろん、即決したほうがよい場合もありますが、それは自分が相場感覚を持っており、明らかにここで決めたほうがトクだと理論的に納得できる場面に限られます。

特に前述の引っ越し料金など、相場はあってないようなもので、価格はピンキリです。時期とかマンションの階数などによっても変わります。面倒だからと最初に見積もりに来た業者に決めてしまわないよう、注意が必要です。

私自身、即決を促されても「すみません、即決はしない主義なんで」といっていったんは帰ってもらうか店を出ます。そして自宅に戻ってじっくり検討するようにしています。

クーリング・オフ

前項のような「しまった」「軽い気持ちで契約しちゃった」というミスから救ってくれるのがこのクーリングオフ制度です。これはぜひ知っておいたほうがいいでしょう。

通常、いったん成立した契約は一方的に解除することはできません。しかし、訪問販売や電話勧誘販売などの不意打ち性の高い取引では、冷静に判断できないまま契約してしまうことがあります。

また、マルチ商法などの複雑な取引は、仕組みを理解できないまま契約をしてしまうことも起こりがちです。

そこで消費者が頭を冷やして考えることができるように（クーリング・オフ期間）、特定商取引法では、契約後一定の期間内であれば、無条件で契約が解除できる制度を設けています。これがクーリング・オフ制度です。

たとえば、次の取引形態の場合、クーリング・オフができます。クーリング・オフ期間は契約書面を受け取った日を含めて起算します。消印がクーリング・オフ期間内であれば、事業者に届くのは期間以降でも有効です。商品を使用したり、工事が終わっていても、期間内であればクーリング・オフできます。

クーリング・オフができないとき

なお、以下はクーリング・オフができません。

- **路上勧誘を契機として行われる飲食店、マッサージ、カラオケボックス、海上タクシーに関する役務の提供（契約の締結後、直ちに役務の全部又は消費者の申し出により一部のみが履行された場合）**
- **化粧品や健康食品など指定消耗品を使用、消費してしまった場合（未使用分は可能）**

クーリング・オフ期間一覧

特定商取引法におけるクーリング・オフができる取引と期間

8日間	**訪問販売** （キャッチセールス、アポイントメントセールス等を含む） **電話勧誘販売** **特定継続的役務提供** （エステティック、美容医療、語学教室、家庭教師、学習塾、パソコン教室、結婚相手紹介サービス） **訪問購入** （業者が消費者の自宅等を訪ねて、商品の買い取りを行うもの）
20日間	**連鎖販売取引** **業務提供誘引販売取引** （内職商法、モニター商法等）

※上記販売方法・取引でも条件によってはクーリング・オフできない場合があります。
※訪問購入の場合、クーリング・オフ期間内は、消費者（売主）は買取業者に対して売却商品の引き渡しを拒むことができます。
※金融商品や宅地建物の契約等でもクーリング・オフができる取引があります。

クーリング・オフ期間の考え方

- クーリング・オフ期間は、申込書面または契約書面のいずれか早いほうを受け取った日から起算します。
- 書面の記載内容に不備があるときは、所定の期間を過ぎていてもクーリング・オフできる場合があります。

通信販売の場合

通信販売には、クーリング・オフ制度はありません。

返品の可否や条件についての特約がある場合には、特約に従うことになります。

出典：Webサイト「独立法人国民センター」参照

- **現金取引で総額3000円未満の場合**
- **自動車及び自動車リースの場合**
- **都市ガス、熱の供給、葬儀に関する役務の提供**
- **通信販売には、クーリング・オフ制度はありません。**

クーリング・オフは、必ずハガキ等の書面で行います。表面のあて名は契約した事業者の「代表者」にします。裏面には契約解除に関する内容をハガキに記載し、裏表両面のコピーを取ってから、郵便局から特定記録郵便、または簡易書留で販売会社へ出します。

支払いがクレジットの場合は信販会社にも同様のハガキを出し、コピーや送付記録は保管しておきます。

クーリング・オフができるかどうかわからないときや、クーリング・オフ期間が過ぎてしまったときでも、まずは消費生活相談窓口へ相談しましょう。条件によって解約できる場合があります。

保証人と連帯保証人

保証人とか連帯保証人という言葉を聞いたことがあると思いますが、どちらも一言で表現すると「他人の借金を肩代わりする」行為です。

保証人は、本人に督促してその財産を指し押さえても返済しきれない場合に自分に返済の義務が生じます。連帯保証人は、有無を言わさず自分にも返済の義務があるなど連帯保証人のほうが責任は重いものではありますが、背負うリスクはほぼ同じと考えたほうがよいと思います。

なので、「ちょっと保証人になってくれないか」と他人から頼まれて保証人になったら、そのお金を自分が借金するのと同じです。

しかし、そもそもなぜその人は、他人（もしくは親戚）であるあなたに保証人になってくれと頼むのでしょうか。高所得な人であれば、保証人は不要で本人だけで借入が可能です。あるいは不動産を所有していて抵当権がついていなければ、その不動産を担保にして借入が可能です。

つまり、それは金融機関などお金を貸す側から見ると、その人の所得水準では返済能力に不足があり、かつ担保となる財産がないからです。あるいは本人の家族などで保証人になってくれる人もいないのでしょう。だから他人にお願いするしかない。

金融機関からまともに資金調達できない状態の人というわけですから、そもそもこの段階でハイリスクです。そしてその人が返済できなければ、自分が代わりに返済しなければなりません。

本人の財産を差し押さえてからだという主張はできますが、財産がなければどうしようもない。なので相当注意しなければならないということがわかると思います。

たとえばマイホームを買うので配偶者が連帯保証人として求められることがありますが、夫婦は一蓮托生でしょうから抵抗は少ないと思います。それにマイホームの場合、通常は団信（団体信用生命保険）に加入しますから、仮に主債務者が亡くなったり高度障害になった場合、残ったローンは保険会社がすべて返済してくれます。

あるいは自分の甥や姪が進学する際の奨学金の保証人になるとしても、進学する本人、連帯保証人（通常は本人の親）という2つの壁に守られています（注1）。

一方、事業性の融資の保証人になるのは壁は本人しかおらずリスクが高い。とはいえ親族や取引先や友人や、関係が近い人から頼まれたら断りづらいのも確か……。

いや、そもそも自分の大事な人に保証人というお荷物を背負わせるか？　大事な人ならなおさら負担をかけまい、心配をかけまいとするのではないか？　ということは自分はそこまで大事な存在じゃないと思われているからじゃないか？　そんな人は友人・親戚と呼べるのか？

というわけで、**原則として保証人は引き受けないこと、引き受けるならその借金ごと自分が責任を負うという覚悟が必要です。**

注1　日本学生支援機構の奨学金の貸与を受けるにあたって、一定の条件にかなった連帯保証人（原則として父母またはこれに代わる人）及び保証人（原則として4親等以内の親族で本人及び連帯保証人と別生計の人）が保証する制度があります。

裁判での戦い方を知っておく

大人が知っておくべき武器は法律知識であり、相手を訴える方法、訴えられたときに自分を守る方法です。

たとえば訴訟はもちろん、その前に和解・示談で解決できることもあります。家庭の問題なら調停があります。交通事故で相手の言い分に納得できないなら交通事故紛争処理センターに相談することができます。相手が許認可事業者であれば管轄行政に相談することもできる。

そういうケンカのやり方を知っていれば、仮に相手とトラブルになっても恐れず自分の主張を押し通すことができますし、泣き寝入りすることもなく煮え湯を飲まされることも減るでしょう。

私自身、ここ数年の間でも、印税を払わない出版社、敷金返還に応じない不動産管理会社、工事遅れの賠償をしない建設会社などを相手取って戦い、回収してきました(それを公開して騒ぎ立てないのは、公開すれば名誉棄損罪にあたるからです)。

ほとんどの人にはそういうトラブルは無縁かもしれませんが、**法律知識があると変に不安になったり怯えたりすることがないので、簡単な「家庭の法律」みたいな本を一読しておくのはおすすめです。**

◉ 少額訴訟

通常訴訟を行うには、弁護士への着手金だけでも一般的に30万円ほどかかるうえ、成果報酬も必要なため、これ以下の債権の訴訟はコスト倒れになります。

不法行為による損害賠償請求といったケースでは弁護士費用を上乗せして相手方に請求できますが、通常の債権回収では請求できません。

また、裁判になって相手方も争うなら、法定でのやりとりは月1回くらいのペースで、その間は証拠書面の作成と提出の時間になるため、結審まで1年2年は余裕でかかります。

それを救う制度として1日で結果が出る少額訴訟があるわけです。

しかし問題は、訴訟で勝利したからといって回収できるとは限らない点です。勝訴しても相手方が無視することはよくあります。

その場合、強制執行による相手方の財産を差し押さえるという手続きを裁判所で取らなければなりません。これにまた手間と費用がかかる。そしてここでも問題があります。

相手方の財産の所在を特定しなければ、差し押さえることができないという点です。不動産の住所とか、銀行預金なら銀行と支店名を知らないとお手上げです。

家財道具といった動産の差し押さえは、裁判所に担保提供が必要ですし、相手方の住所の近隣にある銀行に絨毯爆撃のように差押通知をするといっても、やはり総額が大きくないとコスト倒れになることもあります。

これが詐欺などの刑事訴訟であれば強制捜査などができますが、**民事訴訟による債権回収は非常に困難なので、訴訟の前にいかに示談や和解、あるいは調停に持っていくかが重要です。**

プレッシャーを与える方法としては、相手が会社員で勤務先がわかっていれば、勤務先に給与の差押通知をするという方法もあります。

そのひとつの方法が内容証明郵便を出すことや、相手が許認可に基づく事業をやっていれば、その監督官庁に訴えるぞ、と圧力をかけることです。

たとえば不動産業者は宅建業免許を、工務店などは建設業免許を監督官庁に申請し、審査・許可を経て初めて取得できて仕事ができるので、免許剝奪は廃業と同じなので、それは絶対に避けたい。

私も会社で宅建免許を取って仕事をしていたことがありますが、審査はまあ厳しいし、更新も厳しい。東京都は特に厳しいようで、顧客からクレームが入ると行政処分を受けることもあるようです。

財産をいかに回収するか

話をもとに戻すと、財産回収の実効性を高めるための方策として、民事執行法という法律の中に、**裁判所の手続きを通じて債務者の財産を明らかにする財産開示手続という制度が存在します。**

これは債権者が裁判所に申し立て、裁判所が債務者に自ら財産の所在を開示させる制度です。

判決で勝っても、相手方にどのような財産があるかわからないとき、この手続きで得た情報をもとに債権回収のための強制執行手続をすることになります。

これまでの財産開示制度では、債務者の不出頭や虚偽陳述に対して過料という行政罰しか存在しませんでした。

しかも30万円以下の過料（行政罰）と少額であり、賠償金の額によっては出頭を無視したほうがいいこともある。

つまり懲役刑や重い罰金刑もなく、実際には相手が出頭しないとか、相手が本当のことを言わないケースがあり、実効性が低いという指摘が多かったのです。

そこで2020年4月1日に財産開示制度が改正されました。

罰則の強化

改正により債務者への罰則が強化され、1.出頭拒否、2.宣誓拒否、3.陳述拒否、4.虚偽陳述の場合には、6カ月以下の懲役または50万円以下の罰金に処されることになり、債務者に強い制裁が科されることになりました。

1、裁判所の呼出しを受けたにもかかわらず、期日に出頭しない場合（出頭拒否）
2、裁判所から呼出しを受けた期日で宣誓を拒んだ場合（宣誓拒否）
3、裁判所から呼出しを受けた期日において陳述すべき事項を陳述しない場合（陳述拒否）
4、裁判所から呼出しを受けた期日で供述を偽った場合（虚偽陳述）

これにより「無視すればあきらめるだろう」とナメている相手方に対し、相当のプレッシャーを与えることができるようになりました。

情報取得手続の新設

これは債権者の申立てにより、裁判所が金融機関や官公庁に問い合わせをし、債務者の預貯金口座、所有不動産、勤務先に関する情報を取得できる制度です。

この情報取得手続により、支払に応じない相手方の財産に関し、それぞれ関係機関に対して次のような開示を求められるようになりました。

・登記所に対して、不動産に関する情報
・市区町村や日本年金機構等に対して、給与債権に関する情報
・銀行等に対して、預貯金債権等についての情報

この制度を利用すれば、相手方に知られず第三者（銀行、登記所等）から債権回収に必要な情報（不動産の所在地、預貯金の有無及び残高等）を取得することができます。

・登記所からの不動産に関する情報取得手続

申立てにより、裁判所が登記所に対して債務者の不動産に関する情報の提供を命じる制度です。相手方の所有地を正確に把握していない場合、登記所から、相手方が所有する不動産（土地または建物）を差し押さえるために必要な情報を取得することができます。その情報をもとに不動産を売却処分するための強制執行手続を進めることができるようになります。

・預貯金債権等の情報取得手続

申立てにより、裁判所が銀行や信用金庫等に対して債務者名義の銀行口座の有無とその残高情報の提供を命じる制度です。

この制度は、相手方に知られることなく銀行口座の有無とその残高を調査することができる点に大きな利点があります。財産の隠ぺいを防げるからです。

ただし、海外の銀行の預貯金に関する情報の取得は難しいため、相手方が外資系企業や海外に居住している場合には、この手続きを利用しても銀行口座を特定するのは困難です。また、この制度を利用する場合には、一定の手数料（一行につき約5000円程度）を支払ったうえで、探したい銀行を特定する必要があり、その銀行が多ければその分費用がかかります。

第9章

さらに

介護・離婚・相続の「壁」を越える

もし親・自分が要介護になったら

これは私個人の考え方ですが、親が要介護の状態になったとき「家族は介護しない」が原則だと思っています。

もちろん、要介護の状態にもよりますが、やはり肉体的にも精神的にも疲弊し、時として介護疲れで、不幸を招く原因になり得るからです。子育てはだんだんと手がかからなくなるものですが、介護は逆に状態が悪化して大変になる一方で、しかも終わりが見えません。

また、働き盛りの子やその配偶者が在宅で介護をするのは現実的ではないでしょう。自分が一人っ子の場合はなおさらです。

子には子の生活がありますから、それを破綻させかねない負担は避けなければならないというのが私の考えです。それに、やはり専門家に任せたほうが安心というのはあります。なので、私は自分の親には専門の介護施設に入ってもらうよう、できる限り親を説得するつもりです。医者や介護士が24時間体制で見てくれるのも、遠く離れて暮らす私には安心だからです。

ただし、本人の意向も大切で、住み慣れた場所のほうがストレスも少ないのは事実。慣れない施設に入ってむしろ認知症が進んだというケースもあるそうですから。

どうしても「自宅にいたい」という場合、訪問型の介護サービスを選び、訪問見守りサービスや人感センサーなどによる安否確認ができる体制を作ろうと思います。

私には2人の姉がいますので、このあたりは話し合ってどういう形態にするか、費用負担なども含めて分担を決める必要がありますが。

また、もし自分が要介護になれば、施設に入るつもりです。もし配偶者だけが要介護になったら、夫婦揃って施設に入ります。自分で食事を作るのも後片付けをするのも面倒ですから、ならば施設に入って上げ膳据え膳のほうがラク。

仮に入浴が自分でできない状態でも、家族にやってもらうのは申し訳ないという気持ちが先に立つので気を遣う。それをプロがやってくれるなら精神的にもラクというものです。

自分が認知症になったらどういう感情を持つことになるのか想像もできませんが、現時点では「お金で解決する」を前提にしています。

介護とお金

介護とお金について考察してみます。その一歩は介護保険から。

介護保険とは、介護や支援が必要な方（要介護者・要支援者）に、介護や介護予防でかかる費用の一部を給付する制度です。

介護保険は、全国の市区町村が保険者となり、その地域に住んでいる40歳以上の方が被保険者（加入者）として納めている介護保険料と税金から支払われます。給付を受けるには、介護がどの程度必要かを判定してもらい、各市区町村や専門機関に一定の手続きをする必要があります。

また、介護サービスを受ける場合、1割の自己負担が必要ですが、所得が多い場合は自己負担率が2割または3割になる場合があります。

介護保険の被保険者となるのは40歳からで、同時に保険料の納付義務も発生します。

被保険者には2つの区分があり、1つは現役世代である40～64歳の「第2号被保険者」、もう1つは65歳以上の年金受給世代である「第1号被保険者」。つまり、まずは第2号被保険者として加入し、65歳になったら第1号被保険者へと移行します。

なお、第1号被保険者としての保険料の納付義務は、終身にわたって発生し続けます。「保険料を40歳から一生涯払い続けなければならない」という点は、介護保険の大きな特徴のひとつです。

介護保険料の1カ月あたりの負担額は所得によって変わってきます。

40～64歳の第2号被保険者の場合、会社員・公務員であれば納付額は「標準報酬月額または標準賞与額×介護保険料率」で算出される金額です。

標準報酬月額は4月～6月の給与額を平均した金額を、「標準報酬月額表（都道府県ごと、健康保険組合ごとに異なる）」に設定されている等級に照らし合わせることで決まります。

介護保険料率は健康保険組合ごとに定められているので、具体的な割合を知りたい

介護保険が適用される条件

介護保険の適用条件（区分と年齢）

区分	年齢	サービスの利用条件
第1号被保険者	65歳以上	要支援・要介護認定を受けていること
第2号被保険者	40～64歳	「16種類の特定疾病」に該当し、要支援・要介護認定を受けていること

第1号被保険者

第1号被保険者の場合は、**要介護状態**（認知症などで介護が必要な状態）、**要支援状態**（日常生活で支援が必要な状態）である場合に介護保険適用の対象となるのが基本です。

第2号被保険者

第2号被保険者の場合、末期がんや関節リウマチなど**特定疾病に指定されている16疾病によって要介護・要支援の状態になっている**ことが、保険適用の要件となっています。

みなし2号とは

40～64歳の**生活保護受給者**は介護保険料を納付できないため、介護保険に加入できません。

しかし、**介護サービスの利用は可能**です。制度上、「みなし2号」という位置づけとなり、第2号被保険者と「みなして」要介護認定の審査が実施されます。

要支援1以上にみなし認定されれば、介護保険サービスを利用できます。

※Webサイト「みんなの介護」参照

ときは、所属している組合に確認しましょう。

納付方法は健康保険料などと同じく給料から天引きされる形となり、労使折半なので保険料の半分は会社負担となっています。

自営業者も健康保険料などに加えて介護保険料を支払うという点では同じです。自営業の方は国民健康保険料を納付する必要がありますが、そこに介護保険料を上乗せして支払います。

主婦など被扶養配偶者には基本的に介護保険料の納付義務がありません（ただし、配偶者が39歳以下または65歳以上だと、「特定被保険者」という位置づけで納付義務が発生するケースもあります）。


65歳以上の第1号被保険者の場合は支払う介護保険料の額が所得に応じて段階的に定められ、段階の数は自治体によって異なります。

第1号被保険者が支払う介護保険料の納付方法は、「特別徴収」という形で公的年金から天引きされるのが基本です。年金は2カ月ごとに給付されますが、その際に2カ月分の保険料が徴収されます。

◉高額介護サービス費の払い戻し

高額介護サービス費制度は、毎月支払う介護サービス費が所定の上限を超えたとき、市区町村に申請することで、超えた分の払い戻しを受けることができる制度です。所得によって上限額は変わってきます。

たとえば、市町村民税課税～課税所得380万円（年収約770万円）未満であれば、負担の上限額（月額）は一世帯につき4万4400円。

また課税所得が380万円～690万円（年収約770万円～1160万円）未満ですと、負担上限額（月額）は1世帯あたり9万3000円。

課税所得が690万円（年収約1160万円）以上だと、負担上限額（月額）は14万100円になるといった形で設定されています。

要介護度とは？

要介護認定とは、必要な介護の量を判定する仕組みで、どのくらい介護サービスを行う必要があるか、7つのランクに分けて判断します。

その7段階が、「要支援1」「要支援2」「要介護1」「要介護2」「要介護3」「要介護4」「要介護5」。

要支援1～2は「生活機能が低下し、その改善の可能性が高いと見込まれる」状態。

要介護1～5は「現在、介護サービスが必要である」という状態で、数字が大きくなるほど、より介護度が重くなることを表しています。

要介護区分と心身の状態

各要介護区分と心身の状態

区分	心身の状態
自立	日常生活に支援や見守りが必要ない。
要支援1	基本的な日常生活動作は自分で行えるが、一部動作に見守りや手助けが必要。
要支援2	筋力が衰え、歩行・立ち上がりが不安定。介護が必要になる可能性が高い。
要介護1	日常生活や立ち上がり、歩行に一部介助が必要。認知機能低下が少しみられる。
要介護2	要介護1よりも日常生活動作にケアが必要で、認知機能の低下がみられる。
要介護3	日常生活動作に全体な介助が必要で、立ち上がりや歩行には杖・歩行器・車いすを使用している状態。認知機能が低下し、見守りも必要になる。
要介護4	要介護3以上に生活上のあらゆる場面で介助が必要。思考力や理解力も著しい低下がみられる。
要介護5	日常生活全体で介助を必要とし、コミュニケーションを取るのも難しい状態。

出典：Webサイト「みんなの介護」参照

サービスの内容

介護保険には居宅サービス、地域密着型サービス、施設サービス、居宅介護支援、介護予防サービスの5種類があります。このうち、自宅に住みながら利用できるのが「居宅サービス」です。

居宅サービスにはさまざまな種類があり、「訪問サービス」「通所サービス」「短期入所サービス」などが代表的なものとなっています。

訪問サービスはわかりやすいと思いますが、ホームヘルパーが定期的に自宅に来て入浴支援などのサポートをしてくれるサービスです。

通所サービスは一般的にはデイサービスと言われており、利用者が日中、施設などに通い、日常生活上の支援（食事の介護・入浴など）、機能訓練、レクリエーションを行います。

デイケアも似ていますが、これは病状が安定した利用者が日中、医療機関や介護老人保健施設などに通うものです。

短期入所サービスはショートステイと呼ばれ、普段は自宅で生活する高齢者が期間を決めて介護老人福祉施設・介護老人保健施設・病院・診療所に、短期間入所するサービスです。

家族の介護負担を軽減する目的でも利用されます。

そのほかのサービスとして、福祉用具貸与、特定福祉用具販売、住宅改修などのサービスを利用できます。

福祉用具貸与とは車いす、杖、手すりなどのレンタルのサービスのことです。また、リフォーム時に補助金を受け取ることで、工事費用の負担を減らすことができます。

地域密着型サービスは、介護が必要になった状態でも、できる限り住み慣れた地域で生活を続けていけるように支援するサービスを指します。

そのため、原則として住んでいる市区町村のサービスしか受けることができませんが、定期巡回・随時対応型訪問介護看護、または利用者からの連絡により、利用者の自宅を訪問して介護や看護、生活を送るうえで必要なサービスを提供します。これも在宅、通所、ショートステイなどがあります。

施設に入って介護を受ける

介護保険サービスのうち、「施設サービス」は「介護保険施設」へ入居することを指します。

「介護保険施設」は自治体などの公的機関が運営する介護施設で、「特別養護老人ホーム（特養）」「介護老人保健施設（老健）」「介護療養型医療施設」「介護医療院」があります。

要介護3以上の方が入居できる特別養護老人ホームは、公的機関が運営していることから費用が安く人気があるため、待機者数が多いなどといった課題があります。しかし、重介護にも対応してくれることから、長期の入居が可能というメリットもあります。

「介護老人保健施設」は、専門スタッフによる医療ケアやリハビリなどを通じて要介

介護保険施設4種類の特徴

充実した対応◎　受け入れ可○　施設によっては可△　受け入れ不可×

種類		特別養護老人ホーム	介護老人保健施設	介護医療院	介護療養型医療施設
月額相場		10〜14.4万円	8.8〜15.1万円	8.6〜15.5万円	8.3〜15万円
施設の特徴		要介護3以上の方が入居対象で、費用が安く、待機期間が長い。	在宅復帰を目的とした、リハビリを行う施設。	要介護者の長期療養と生活支援を目的とした施設。	比較的重度の要介護者に対し、介護・医療サービスを提供する施設。
入居条件	自立	×	×	×	×
	要支援1〜2	×	×	×	×
	要介護1〜2	×	○	○	○
	要介護3〜5	◎	○	○	○
	認知症	○	○	○	○
	認知症重度	○	○	○	○
	看取り	○	○	◎	◎
	入居のしやすさ	×	△	△	△

※30日換算で算出
※金額は従来型個室を使用する場合の費用を自己負担割合1割、1単位＝10円で算出
※日常生活費1万円と仮定を含む
出典：Webサイト「みんなの介護」参照

護高齢者を対象に在宅復帰することを目的とした施設。

「介護療養型医療施設」は医療法人が運営しているため医療機関という位置づけで、常時医療管理が必要な方に医療ケアやリハビリを行います。

そして、2018年度の改正で新たに創設された「介護医療院」は長期療養のための医療機能を基本に、生活施設の機能（介護）を備えているのが特徴となっています。

「特定施設入居者生活介護」の指定を受けている施設では、民間が運営している場合でも、要介護認定の段階別に毎月定額で介護保険サービスを受けることができます。該当する施設は、介護付き有料老人ホームや一部のサービス付き高齢者向け住宅・軽費老人ホームなど。

有料老人ホームで「介護付き」を名乗れるのはこの指定を受けている施設のみです。それ以外は「住宅型」「健康型」に分類されることになります。

ただ、特定施設入居者生活介護ではない場合でも、外部の事業者と個別に契約することで介護サービスを利用できるケースがあります。

◉ 自己負担額

介護サービスは、収入などに合わせて自己負担額（1〜3割）が決まっています。要介護度別に支給限度額が設けられており、この額を超えて介護サービスを利用する場合には、自己負担割合が10割、つまり全額自己負担となります。**そのため、限度額を超えて介護保険サービスを増やした場合には、それだけ介護費用が高額になるので注意が必要です。**

在宅介護の場合の、要介護度別の自己負担限度額は次ページの図のとおりです。

在宅（居宅）サービス の 自己負担限度額

介護度	支給限度基準額	自己負担割合		
		1割	2割	3割
要支援1	5万30円	5,003円	1万6円	1万5,009円
要支援2	10万4,730円	1万473円	2万946円	3万1,419円
要介護1	16万6,920円	1万6,692円	3万3,384円	5万76円
要介護2	19万6,160円	1万9,616円	3万9,232円	5万8,848円
要介護3	26万9,310円	2万6,931円	5万3,862円	8万793円
要介護4	30万8,060円	3万806円	6万1,612円	9万2,418円
要介護5	36万650円	3万6,065円	7万2,130円	10万8,195円

※標準的な場合、地域によって加算がある
※30日分の金額です。
出典：『2019年度介護報酬改定について』（厚生労働省）

特定施設入居者生活介護の特徴は、要介護認定ごとに介護サービスの自己負担額が毎月定額（1日あたりの額が定まっている）であるということ。どれだけサービスを利用しても、介護費用が上がることはありません。

特定施設入居者生活介護は、介護保険サービスの一種。要介護1以上の認定を受けた方を対象に、食事・入浴・排泄の介助、機能訓練などのサービスを提供しています。

特定施設入居者生活介護には、介護付き有料老人ホームのほか、サービス付き高齢者向け住宅やケアハウスの指定を受けている施設があります。

ただ、特定施設入居者生活介護として指定されている施設は、介護保険法で定められている人員配置基準、設備基準、運営基準を満たしている施設だけという規定があります。

有料老人ホームでは「介護付き有料老人ホーム」だけが該当します。

介護保険申請からサービス利用開始までの流れ

要介護認定の申請は、本人がお住まいの自治体の窓口で申請します。本人や家族のほか、地域包括支援センターや居宅介護支援事業者などに申請を代行してもらうこともできます。

主治医に意見書を書いてもらえるか確認

要介護度を決定するために、医師の意見書が必要になります。かかりつけの医師に意見書を作成してもらえるか確認しましょう。意見書は自治体から医師に作成依頼を出すので、このときは確認だけで大丈夫です。

←

要介護認定を申請

自治体にある介護保険の担当窓口に、介護保険申請書を提出します。申請書には、主治医、病院の名前、所在地、最終受診日などを記入する必要があるので、それらがわかるようなメモや診察券も用意しましょう。

←

認定調査

申請後、調査員が自宅や施設を訪問し、申請者の心身の状態を確認して認定調査を行います。また、自治体が主治医に意見書作成の依頼を出します。

←

審査判定

調査結果や主治医意見書をもとに、コンピュータにて要介護度の一次判定を行います。その結果と主治医意見書を参考に、介護認定審査会が要介護度の二次判定を行います。

←

認定

申請から原則30日以内に要介護認定の結果が通知されます。非該当、要支援1

〜2、要介護1〜5までのいずれかに分類され、受けられるサービスの判断基準になります。

↓

ケアプランの作成

地域包括支援センターや、居宅介護支援事業者に、介護サービス計画書の作成を依頼。依頼された介護支援専門員は、必要と思われる介護サービスや周辺の施設、本人とその家族の希望などを考慮して、適切なケアプランを作成します。

↓

介護サービス利用開始

ケアプランをもとにした介護サービスを受けられるようになります。要介護認定は、新規や変更申請の場合は有効期限が原則6カ月、更新申請の場合は原則12カ月。有効期限を忘れずに、認定の更新を行いましょう。

また、介護者の状態に変化があるときは、要介護認定の有効期間中でも、要介護認定の変更の申請を行い、介護レベルを改めて判定してもらうこともできます。

要介護認定の申請をすると、初めに自治体等の調査員が自宅や施設等を訪問して心身の状態を確認する認定調査を行います。認定調査の内容は以下の5項目。

①身体機能・起居動作

生活するうえで必要な身体機能に問題がないか、実際に体を動かしてもらったり、本人や家族からの話を聞いたりしてチェック。視力や聴力、寝返りなど13項目があり、関節の動きに異常がないか、麻痺がないかなどを調査します。

②生活機能

日常生活で必要な動作ができているかどうかをチェック。トイレや食事、衣類の着脱など、普段の生活で行う動きを調査します。

③認知機能

名前や生年月日などを正しく言えるかをチェックし、コミュニケーションがしっかり取れる状態か調査します。「今日は何月何日か」といった短期記憶もチェックします。

④精神・行動障害
過去1カ月の間に、不適切な行動や言動（突然大声を出す、物や衣類を破損する、感情が不安定など）がなかったかを調査します。

⑤社会生活への適応
薬の内服や金銭管理、買い物や簡単な調理ができるか、集団への不適応があるかどうかなどをチェックし、社会生活を送ることに問題がないかを調査します。

これらの聞き取り調査が終わると、コンピュータによる一次判定と、保健医療福祉の学識経験者が行う二次判定を経て要介護レベルが決定します。
認定されたレベルによって、給付される保険料が大きく変わり利用できるサービスも異なってきます。

◉現実的な解決策は

公的施設の特養は前述のとおり人気があって入居待ち状態のところが多く、現実に

は民間のサービス付き高齢者施設が中心になると思います。

しかし民間ゆえにサービスの質や料金はまちまちで、一般的にはやはり高額な費用を取る施設のほうが入居者の満足度は高いようです。

費用が安いところはどうしても人件費にそのしわ寄せが来て、サービスの質に直結してしまいがちです。私は郊外に住んでいて、「ちいき新聞」という無料の情報誌が定期的にもらえるのですが、その中の求人情報の半分以上～8割が介護施設のスタッフで、慢性的な人手不足というのがわかります。

そしてそうではない人がほとんどだと思いますが、職員による虐待などが起こりやすいのも安価な施設です。

さらには食事。こうした施設では食事が大きな楽しみのひとつですが、料金が安いと材料にもお金をかけられないため、やはり食事の質もそれなりのようです。

なかには施設内のレクリエーションが活発で、認知症予防などを兼ねてゲーム大会をしたりペットと触れ合ったり、いろいろ工夫している施設もあるようです。

このあたりは話を聞くだけでなく、体験入所などをさせてもらって本人とのフィット感を重視する必要があるように思います。やはり本人が気に入ることが最も重要ですから。

そのうえで、介護保険と本人の年金収入の範囲内で賄えるかどうか、オーバーした分を家族が補填できるかどうかというところです。

ちなみに私が見学したことがある施設は月額30万円だそうで、やはりキレイでスタッフの接客の質も高い。食事もおいしいそうです。

ただし、これがたとえば子どもが大学に進学し、子の学費・家賃・生活費を支援しながら親の介護費用を捻出するというダブルパンチになると、一般家庭では苦しいかもしれません。自分の両親だけではなく配偶者の両親もいて、進学した子も同時に複数いればなおさらです。

そうした事態を想定しつつ、資金の手当をどうするかを考える必要があります。もし「厳しそう」という人は民間の介護保険も視野に入れてもいいかもしれません。

私の場合は民間の介護保険ではなく貯金から捻出する予定です。支給要件に合致しないと保険金が下りない介護保険より、現金のほうが何にでもマルチに使えて便利だからです。

離婚の経済学

最初から離婚するつもりで結婚する人はいませんが、誰にでも離婚の可能性はあります。**そこで、離婚しても困らないお金の戦略を持っておく必要があります。**

◉ 離婚は勢いではなく戦略的に

たとえば夫婦が共働きの場合、夫婦双方で住宅ローン控除を使うために共同所有を選ぶ人がいますが、不動産は分けられませんから離婚時にモメる原因になりがちです。

また、離婚後の大事な要素のひとつは生活基盤の確保ですから、もし自分が専業主婦（主夫）やパート・契約社員などであれば、離婚の前にまずフルタイム正社員を獲得する必要があります。

DVなど身体の危機にある場合は、まず別居などしてフルタイム正社員を目指します。そうなってから協議もしくは調停で離婚手続きに入ったほうが安心です。

というのも離婚後の生活まで見据えて動く必要があり、自分を有利に持っていくには戦略が必要だからです。**いくら「何が何でもすぐ別れたい」と思ったとしても、勢いにまかせて無策で離婚に向かうのは避けたほうがよいでしょう。**

◉ 財産分与と養育費の取り決め

双方の話し合いだけで解決するのが協議離婚ですが、一方が拒否したり条件面などで折り合いがつかない場合、次の段階としては家庭裁判所に調停離婚を申し立てることになります。

調停では、担当者が夫・妻別々にヒアリングし、妥協案を探って「こういう条件で受け入れてはどうか」と提案してくれます。ここで決まった取り決めは法的効力を持ちます。

問題になるのは財産分与の金額、解決金の金額、子どもがいる場合の養育費の取り決めです。

どちらかが拒否すれば調停離婚は成立せず、次は正式な裁判に移行するしかありません。こうなると時間もお金も膨大にかかるので、多くはこの調停で決着します（調停の担当者もそう促します）。

まず財産分与ですが、これは自己申告制なので、相手が財産のありかを隠しているケースがあります。なので離婚を決意し財産をもらいたいと思うなら、相手がどこにどのくらいの財産を持っているかを事前に把握しておいたほうがよいでしょう。でなければ、「これだけしかないから、この半分ね」と言われれば確認しようもなく、不利であっても受け入れるしかありませんから。

解決金とは慰謝料のようなものですが、たとえば価値観の相違など、相手に不貞行為があったわけではない場合は慰謝料という名目は不適切になるため、こう言います。一般的には離婚を持ち出したほうが払うことが多いでしょう。

これは一時金としてまとまった金額を提示することもあれば、毎月一定額を期間を決めて支払うなど、財産分与の中でまとめて扱うこともあります。このあたりは双方の協議次第です。

財産分与の範囲は、婚姻してから夫婦で築いた資産ですが、たとえばマイホームはもちろん、預金や有価証券など、自分で運用しているものも広範に含まれます。

ここで注意が必要なのは、相手が財産を持っていないケースがあることです。自分に400万円の貯金があって相手がゼロの場合、ヘタをすると半分の200万円を相手に渡さないといけないということにもなりかねないからです。

養育費の取り決めも重要で、離婚するカップルの約半数は養育費の取り決めをしないそうです。

その理由として、DVや浮気などから逃れるため相手と関わりたくないという場合や、相手に支払う能力・意思がないからと、養育費を受け取っていない場合があるようです。

仮に取り決めをしていても、やがて振り込みがなくなり催促しても音信不通となってあきらめた、という人もいます。

そのため、生活・子育てにかかる費用をすべて自分一人で稼がなくてはならず、これも負担になりがちです。

なので公正証書として残すとか、仮に相手と関わりたくないなら弁護士を間に入れてでも正式な書面を交わしておくことです。

書面があれば法的拘束力がありますから、督促しても相手が払わない場合、相手の財産を差し押さえることができるからです（そのためにも相手の財産のありかの確認は重要）。財産がなくても、たとえば相手の給与の半分まで差し押さえて回収することができます。

これを面倒がるとあとで苦労するリスクが跳ね上がるので、口約束は厳禁です。

相続の経済学

相続税は誰にでもやってくるわけではありませんが、相続は誰にでもやってきます。

◉トラブルを防ぐには遺言を公正証書で残す

そもそも相続税には法定相続人の数に応じて決まる「基礎控除」があり、基本的にはこの金額を上回った分の相続財産が課税対象となります。相続財産がこの金額を下回れば課税されません。

基礎控除は3000万円＋600万円×法定相続人の人数ですから、配偶者と子2人の合計3人の場合、基礎控除は4800万円。なので相続財産が4800万円以下なら相続税はかかりません。

つまり、たとえば優良立地に不動産を持っているなどでない限り、ほとんどの一般庶民には相続税はかからないことになります。

また、一次相続（両親のうちどちらかが死去するケース）では配偶者控除があります。これは配偶者が相続した遺産のうち、課税対象となる額が、「1億6000万円」までは非課税、それを超えても「配偶者の法定相続分相当額」まであれば相続税がかからないというものです。

また、配偶者が相続する場合、小規模宅地等の特例が適用されます。被相続人が事業用または居住用に使っていた宅地等を、最大で80％評価減できるというものです。

しかし相続税はかからなくても、少ない相続財産を巡ってモメることがあります。**そこで民法の分割（配偶者が半分を相続し、残り半分を子で均等に相続）以外で相続したい場合は、公正証書遺言《こうせいしょうしょゆいごん》を生前に作成しておくことです。これは公証役場の公証人が関与して、公正証書の形で残す遺言書です。**

いわゆる自分一人で書く自筆証書遺言は無効となったり他の遺族が勝手に作ったりトラブルになることがありますが、公正証書遺言では公証人という法律の専門家のチェックが入るため、遺言内容の確実性があり、遺言の効果も無効になることが少ないというメリットがあります。

これは公証人役場で作成してもらうため費用がかかるものの、最も有効な方法です。

◉ 一次相続と二次相続

先ほど一次相続という言葉が出てきましたが、その次には二次相続（たとえば先に父親が亡くなり一次相続があり、次に母親が亡くなり子や残った親族に相続されるのが二次相続）がやってきます。

この場合、相続人が少なくなることから基礎控除が減りますし、配偶者控除や小規模宅地等の特例も厳しくなるため、相続税が高くなるのが一般的です（二次相続の際に使える相次相続控除というものもありますが）。

よく「資産は3代でなくなる」と言われますが、これは相続税負担が代を経るごとに増すからです。

そこで生前贈与（年間生前贈与には贈与税が課税されますが、年間110万円の基礎控除が設定されており基礎控除額までの贈与には贈与税が課税されません）などで早めに財産の移転をしたり、相続時精算課税制度などを活用する方法が取られます。

また、二次相続の兄弟姉妹間の争いを回避するためには、「家族信託」の検討をすることもひとつの手です。

家族信託とは、家族間で財産の信託を行う財産管理方法で、従来の相続対策ではできなかった「二次相続以降の承継者指定」や「認知症対策」を行うことができる方法です。

通常、遺言書を残すことで遺産分割の方法を指定することができますが、二次相続や三次相続の遺産分割については、一次相続時に作成する遺言書で指定することができません。

しかし、家族信託の仕組みを利用すれば二次相続以降の遺産分割についても指定することが可能になります。

先祖代々の土地を確実に一族へ引き継がせたい場合などにとても有効ですし、「誰がどの資産を引き継ぐのか」などによる兄弟姉妹間のトラブルを回避することも可能です。

◉ 相続放棄

たとえば親が多額の借金を背負ったまま、あるいは使い道がなく手に余る不動産を所有している場合、もしくは相続を巡るモメ事を回避したい場合などにおいて、財産を相続する権利を放棄する「相続放棄」という方法があります。

何もしなければ借金も含めて自動的に受け継がれてしまいますが、家庭裁判所に相続放棄の手続きを行えば手放すことができます。**相続放棄には期限があり、相続開始を知ってから3カ月以内に行わなければなりません。**

ただし、預貯金だけは相続し借金だけ放棄するなどという都合の良いことはできず、資産も負債もまとめて放棄することになりますから、プラス財産とマイナス財産をよく検討する必要があります。

そして、自分が相続放棄をすれば、ほかの法定相続人に相続する権利が移行します。ですので相続放棄をする場合は、特にマイナス部分があるならば、ほかの法定相続人にも一声かけるか相談しておいたほうがよいでしょう。

一方、財産がプラスかマイナスかわからない場合、「限定承認」という手続きがあります。これは、相続財産に資産と負債が混在する場合、資産額に限定して負債を相続する（要するに、プラス財産を超えない範囲に限りマイナス財産を相続する）という便利な相続方式です。

相続放棄は単独でも可能ですが、限定承認は相続人全員で手続きをする必要があります。

ちなみにわが家の場合、場所が特定できない土地を所有しているらしく、毎年固定資産税がかかっているそうです。

また、実家は公道に接していない山の斜面にあるため、不動産としての価値がほとんどありません。しかし相続するとこの家の管理責任と固定資産税負担がのしかかってきます。解体するにもお金がかかる。

ですので家族に相談はしますが、私は相続放棄をすることになるだろうと思っています。

ただし、自分が相続放棄をすれば、家族や親族に相続権が移ります。たとえば父が亡くなり母と子の私たちが相続放棄をすれば、父方の兄弟姉妹に相続権が移る（その兄弟姉妹が死去している場合は代襲相続といってその子に相続権が移る）。そのため、親族に迷惑がかからないよう、事前に連絡が必要です。

おわりに

本書は40代から50代の読者を想定していますが、この年代の大きな悩みや不安は、仕事のキャリア、子どもの教育、親の介護、自身の健康、そして老後を見据えた備えなどではないでしょうか。

もちろん、悩みはもっといろいろあると思いますが、一般的にはという意味です。たとえば、10代の頃は勉強や部活に、20代~40代は仕事に没頭することによって、漠然とした不安や悩みはある程度発散されると思います。

一方で、40代後半以降になれば、会社内での自分の立ち位置から先が見えるようになります。自分より若く才能にあふれた若手がどんどん追い上げてきて、自分を追い抜いていくこともあるでしょうし、かつて部下だった人が自分の上司になることもあるかと思います。

50代も後半を迎えれば役職定年などがあり、60歳でいったん退職し嘱託などで再雇用、そして65歳で定年退職という感じでしょうか。

大企業なら関連会社や子会社に出向とか転籍とかあったとしても、ほとんどの人は

70歳でいったん職業人生を終えることになります。

そうしたとき、何をするか？

元同僚や同窓生とSNSでのやりとりは続いたとしても、そうそう頻繁に会うわけでもなく、やはり人との出会いは圧倒的に減ります。

運動など自分に課している人、旅行やサークル活動などの計画を持っている人はともかく、ほとんどの人は、特に「やるべきこと」もないかもしれません。

そのとき迷わないよう、私個人としては、本書でも紹介したとおり起業をおすすめします。

会社員を続けながらでも自分が好きなこと、没頭できることで起業（副業）しておけば、生涯現役で働けるからです。

社会とつながり続けられる。日々の生活に「やることがある」というのは生きがいになります。

もうひとつは、収入源の確保。

お金の不安さえなければ、特にやりたいことや、やるべきことがなくても、不安なく生きていけるからです。

特に40代~50代は子どもの教育費や親の介護などで、どうしても出費が増え、自分の老後の備えが不足しがちの人もいるでしょう。

そして、そのまま老後に突入すると、仕事もなく蓄えも不充分でもらえる年金も少ない可能性があり、貯蓄はどんどん減っていく……。そういう状況は避けたいですよね。

ですから、本書でも紹介したように、起業の道を模索しつつ、自分の労働力に依存しない収入源、たとえば株の配当や不動産の家賃収入などを築いておく必要があると私は思っています。

さて最後になりますが、実は「はじめに」でも書いた3つの壁のその前に、もうひとつの壁があります。

それは、「メンタルブロック」とも呼ばれる「心の壁」のことです。

この壁は、あらゆる活動を制約します。たとえば、新しく何かを始めようとしたとき、「こんな年齢でも大丈夫なのだろうか?」「失敗したらどうしよう?」などというものです。

お金に関しても同じ。

「お金のことをとやかく言うのはいやらしい」などといったメンタルブロック＝「壁」があると、お金について真剣に向き合うことができず、お金で苦労することになりか

ねません。

でも、本書を手に取っていただいたということは、あなたは、この最初の心の壁はすでに乗り越えているということになります。

あとは、「はじめに」でも述べた「知識」「思考」「行動」の壁を乗り越えるだけです。

「お金の壁」を乗り越えることで、読者のみなさんの人生、後半戦が輝くものになることを祈っています。

著者

【著者紹介】

午堂　登紀雄（ごどう・ときお）

◉――1971年岡山県生まれ。米国公認会計士。お金の専門家。

◉――中央大学経済学部卒業後、会計事務所、コンビニエンスストアチェーンを経て、世界的な戦略系経営コンサルティングファームであるアーサー・D・リトルで経営コンサルタントとして活躍。IT・情報通信・流通業などの経営戦略立案および企業変革プロジェクトに従事。本業のかたわら不動産投資を開始、独立後に株式会社プレミアム・インベストメント&パートナーズ、株式会社エデュビジョンを設立し、不動産投資コンサルティング事業、ビジネスマッチング事業、教育事業などを手掛ける。現在は起業家、個人投資家、ビジネス書作家、講演家として活動している。

◉――ベストセラーとなった『33歳で資産３億円をつくった私の方法』（三笠書房）をはじめ、『決定版　年収１億を稼ぐ人、年収300万で終わる人』（Gakken)、『「いい人」をやめれば人生はうまくいく」（日本実業出版社)、『お金の才能』（小社）など著書は多数ある。

お金《かね》の壁《かべ》の乗《の》り越《こ》え方《かた》　50歳《さい》から人生《じんせい》を大逆転《だいぎゃくてん》させる

2023年６月５日　　第１刷発行

著　者――午堂　登紀雄
発行者――齊藤　龍男
発行所――株式会社かんき出版
東京都千代田区麴町4-1-4 西脇ビル　〒102-0083
電話　営業部：03(3262)8011㈹　編集部：03(3262)8012㈹
FAX　03(3234)4421　　振替　00100-2-62304
https://kanki-pub.co.jp/

印刷所――ベクトル印刷株式会社

　ISBN978-4-7612-7675-1 C0033

かんき出版で人気のお金の本

マンガだからわかる！
株の超・基本から実践まで！

定価1650円（本体1500円＋税）